フトゥーワ

イスラームの騎士道精神

アブー・アブドゥッラフマーン・スラミー 著

中田考 監訳
山本直輝 訳

作品社

はじめに――『フトゥーワ』邦訳に寄せて

先日ニューヨークを訪問したとき、トルコ人の友人の奥さまがジョン・F・ケネディ空港の近くに「ミサーフィルハーネ（客人の家）」を建て、トランジットで立ち寄った旅行者のために無償のサービスを提供したいと話されていました。彼女の祖父が暮らしていたトルコのマルマラ地方のビガ半島に位置する村々では、村を通る旅人たちのために無料で宿泊できる施設ミサーフィルハーネがあったそうです。旅人たちはそこで無料で宿泊できたほか、泊っている間はミサーフィルハーネの持ち主である家族が寝食の世話をしたそうです。そこでは人間だけでなく、動物も迎え入れて世話をしていたとか。友人の奥様は、旅行者に無償でサービスを提供する考えを祖父たちの伝統から得たそうです。

同じような話は私の家族にもあります。私の母の祖父は、村にとても綺麗な館を建てました。

私も見たことがありますが、とても綺麗な建物です。館には人間が泊る客間と動物たちが泊る小屋があり、ミサーフィルハーネとして使われていました。村を訪れた放浪の修行者や旅人、大工、ブリキ職人、物乞いや商人たちは皆このミサーフィルハーネに客人として無料で宿泊していたそうです。母の祖父と、彼が亡くなった後は私の祖父が訪れた客人たちをもてなし、彼らと馬などの動物に暖をとらせ、飲食等必要なもの全てを無償で提供していました。冬には村人たちが暖をとりに集まり、雪の降るときには談笑にふけりながら時間を過ごしていました。村人たちが飲むチャイ（お茶）や館で暖をとるための薪は私の母の家族が無償で提供していたそうです。

私が子供だったとき、母は祖父ハジュ・ベキルが母に話してくれたお話を私に伝えてくれました。祖父の村がひどい飢饉に襲われた年がありました。曾爺さまのモッラー・アリーが村の外からやってきた旅人を客として受け入れ、村のミサーフィルハーネに招き、彼が休む場所を用意したそうです。しかしその晩、客人に夕ご飯を用意しようと家に戻ったところ、飢饉のため家には食べるものが一つもなかったそうです。仕方がないので私の曾祖母さまはスープ皿に乳を入れ、パンを浸したものを食卓の客人に差し上げるため曾爺さまに渡しました。曾爺さまはそれをみるなり、こんな粗末な食べ物しか差し上げられないなんてなんと恥ずかしい、と柱に寄りかかり泣き出し、こう言ったそうです。「ああ、わが主アッラーよ、こんな少しばかりの食事をどうして客人に差し出せましょう！」そしてこのような貧しさに再び見舞われないように祈りを捧げたところ、なんと翌年には村は豊作に恵まれたそうです。

中央アナトリアの首都アンカラに接するチャンクル県の村々では、物質的に豊かな家族であればどこでも客人を受け入れる宿所「ミサーフィルハーネ」を持っていたそうです。旅人たちのため無償の奉仕を行うミサーフィルハーネを開くことは、豊かな家族の誇りでもありました。ミサーフィルハーネを持つ家族は、村の外からやってきた客人を歓待し、より良いもてなしをしようとお互いに競いあっていたほどです。

譬えはほかにも挙げることができますが、その必要はないでしょう。なぜならここでの私の目的は、このトルコで今も息づいている分けあいの精神、客人を厚くもてなし、助けあい、同胞を愛する文化の歴史的源泉を探ることだからです。そして、この源泉こそ「フトゥーワ（トルコ語では fütüvvet）」の名で知られる徳目なのです。フトゥーワの伝統を知らずに、トルコ人またはムスリム一般が他者をどうみなし、接しているかを理解することはできないでしょう。どれだけムスリム社会が近代化や西洋化、世俗化の過程にあり伝統から遠ざかろうと、ムスリム社会の記憶の中にはフトゥーワの精神が今も生きているのです。フトゥーワは（ムスリムたちの）日々の実践や人々のつながりのなかで、今も自らを顕しています。さきほどお話ししたミサーフィルハーネでの出来事も、このフトゥーワの伝統を説明するための数ある例のうちのひとつですが、他にも望めばいくらでも例を挙げることはできます。

伝統的な社会では、フトゥーワに類するような倫理思想を見つけることができます。西洋における「騎士道精神」、日本における「サムライの文化」はそのような事例として挙げられるでしょう。このような文化は現代社会のただひたすら自己利益や自分を求める価値観とは対立し、現代的価値に浸食されてしまっています。しかし、現代に生きる我々はフトゥーワの文化・倫理規範を必要としているはずです。

フトゥーワの精神を学ぶことは、伝統的なトルコ・イスラーム文化の一側面に光を当てるだけではなく、今日のわれわれにも必要な社会的連帯、倫理的価値にも注意を向けさせてくれます。アブドゥッラフマーン・スラミーによって書かれた『フトゥーワ』の中で語られる倫理規範、同胞精神は単なる過去の遺産では決してなく、今に至るまで最も尊ばれてきたイスラームの徳目です。同胞愛、礼儀、分けあいの精神、寛容さ、同胞を自らよりも優先し、彼らの必要とするものを何よりも重んじることは、かつて昔そうであったように、今日の社会生活においても必要とされている価値であるはずです。従って、アブドゥッラフマーン・スラミーの『フトゥーワ』は、決して過去の書物ではなく、イスラームにおける「若々しさ（フトゥーワの原義）」、同胞精神とは何かを学ぶために、今でも有用な指南書として薦められます。

『フトゥーワ』で挙げられている徳目は、クルアーンの中で言及されている預言者たちや、預言者ムハンマドと彼に従った教友たちの生涯を模範としています。フトゥーワの行動規範は、何世紀にも渡り様々な土地で様々な人々によって実践されてきました。特に、この行動規範は今日のトルコ人を含むムスリム社会の精神の中に生きています。多くのムスリムは、このフトゥーワの徳目を——たとえその源泉が何なのかを知らなくとも——実践するべき理想としています。

さきほど私がお話ししたようにトルコからニューヨークに飛び立ったフトゥーワの精神が、本書と共に日本にも届き、サムライの精神と巡り合うことを願っています。

イブン・ハルドゥーン大学学長
レジェプ・シェンチュルク
イスタンブル、ウズベク・テッケにて

フトゥーワ　イスラームの騎士道精神

目次

・はじめに――『フトゥーワ』邦訳に寄せて　レジェプ・シェンチュルク（イブン・ハルドゥーン大学学長）　1

１　フトゥーワ　第一章　家族、同胞と共に生きること　11

フトゥーワとは、家族、同胞と共に生きることである。自らの手元に残っているものが水一滴であったとしてもそれを惜しみなく同胞に分け与える者こそフトゥーワを実践するものである。

٢ フトゥーワ　第二章　己を鍛えること　41

フトゥーワを実践する者は、心も鍛えなければならない。自我を抑え同胞のために生きる情熱に燃え、同胞の欠点を探すよりも常に自らを省み、アッラーを畏れ敬うことが求められる。

٣ フトゥーワ　第三章　全てをゆだねること　73

アッラーのために、アッラーによって、アッラーと共に生きることこそがフトゥーワの目的である。自らの望みを全てアッラーにゆだねることが求められる。

٤ フトゥーワ　第四章　尽くすこと　107

フトゥーワとは同胞に尽くすことだが、決して現世での見返りを求めたり、恩着せがましい態度をとってはならない。アッラーのために自らの行動を捧げるという意図をもって、初めてフトゥーワは完成される。

○フトゥーワ　**第五章**　恩寵のもとに　137
フトゥーワを実践する中で自分が感じ、受け取った全てのものにアッラーの恩寵を見出すことが求められる。最後に今まで述べたフトゥーワの徳目が列挙され、終わる。

解説　『フトゥーワ』とは何か？　山本直輝　163

解説　西洋の騎士道と「フトゥーワ」について　中田考　177

١

フトゥーワ　**第一章**　家族、同胞と共に生きること

　フトゥーワとは、家族、同胞と共に生きることである。自らの手元に残っているものが水一滴であったとしてもそれを惜しみなく同胞に分け与える者こそフトゥーワを実践するものである。

慈悲あまねく慈悲深きアッラーの御名において

称賛はアッラーのみに属す。アッラーこそ、「フトゥーワ」の道、すなわち彼から命じられた義務である善行の全てへと導き、明らかな道をお造りなさった御方。またアッラーは、「フトゥーワ」の道から忌まわしき行為、欠陥を取り除き、最も高い段階へと引き上げた。「フトゥーワ」を持つ、誠実さの御板に記された全ての遣わされた預言者たち、アッラーに近き清浄な者たちに満足された。彼らは真理の道におり、アッラーから命じられた義務を遂行し、「フトゥーワ」を体現する者の階梯に座している。

「フトゥーワ」への誘い、男らしさの高貴さに応えた最初の者は、天性素晴らしき、家族の長、地表からその名がとられたアーダム（アダム）である。アッラーの御意志の中に彼の名は書かれ、品格の家の中で彼は常に静かに佇み、諸々の光や無謬性の助けを受け、奇跡の冠を頭に被り、廉恥の家にいらっしゃった。カービル（カイン）が「フトゥーワ」を捨てた際には、ハービル（アベル）がフトゥーワを受け入れた。シート（セト）はフトゥーワを体現し、全ての悪徳から「フトゥーワ」を守った。イドリース（エノク）は「フトゥーワ」を最も高き場所へと引き上げ、イブリース（サタン）の悪巧みから守った。

ヌーフ（ノア）は「フトゥーワ」を愛し悲しみに生きた、「フトゥーワ」の光によってその身を照らされた。アード（族）は「フトゥーワ」から名づけられ、決っして還らず不品行に戻ることはなかった。フードは同胞との約束を守る美徳をフトゥーワによって示した。サーリフはフトゥーワの助けによって悪徳から身を守った。またアッラーの親しき友イブラーヒーム（アブラハム）はフトゥーワを冠し、偶像を破壊した。イスマーイール（イシュマイル）は峻厳なる王アッラーの命によりフトゥーワをもってその身を捧げ、ルート（ロト）はフトゥーワによって、そこから先は下がることのない高き階梯へと上がった。フトゥーワによってイスハーク（イサク）は最後の審判の日まで崇拝を捧げ続けている。ヤークーブ（ヤコブ）はフトゥーワを固持し、フトゥーワによってアイユーブ（ヨブ）を苦しめていた害は取り除かれた。フトゥーワによってユースフ（ヨセフ）は最も高貴な道を歩き、神佑は常に彼と共にあった。ズルキフル（エゼキエル）はいと高き段階に導かれ、アッラーが嘉し給う善行であるフトゥーワを実践した。シュアイブはフトゥーワの栄光を手にし、フトゥーワによっていかなる疑いの目や恥からも守られていた。ムーサー（モーセ）はフトゥーワの長衣を身にまとい、ハールーン（アロン）もフトゥーワに応え、善き言葉を話した。碑文と洞窟の眠り人たちはフトゥーワによって高貴な者とされ、恵みの家へと導かれた。フトゥーワによってダーウード（ダビデ）の心臓は長きにわたり鼓動し、礼拝における前屈と平伏を味得した。スライマーン（ソロモン）はダーウードからフトゥーワを受け継ぎ、フトゥーワによって人間とジン（幽精）を使役した。ユーヌス（ヨナ）はフトゥーワの条件を理解し実践した。ザカリヤーはフトゥーワによって清浄なる源へと至った。ヤフヤー（ヨハネ）はフトゥーワに対して誠実であったことから困難から守られ、フトゥーワを大切にしたことから、不安や苦痛を感じることはなかった。イーサー（イエス）はフトゥーワによって闇を正しき光で照らしたことからアッラーの霊、救世主と呼ばれた。フトゥーワによってムハンマド――彼に祝福と平安あれ――には確かな勝利が与えられ、信徒たちの長である彼の義兄弟、彼のおじの息子（アリー）をフトゥーワの守護者とした。

アッラーよ、この言葉（フトゥーワ）を正しく実践できるように私たちをお助けください。この（「フトゥーワ」の）絆の恵みを私たちにお与えください。我々を真理の民としてください。最も誉れ高き道を歩かせてください。

「自分の主との会見を願っていた者は、善行をなせ、そして自分の主の崇拝に何ものをも並びおいてはならない。」（クルアーン18：110）

「『称賛はアッラーに属す、子を持たず、王権において彼に共同者がなく、また卑小さからの後見のない御方に』。そして、彼の偉大さを称えよ。」（クルアーン17：111）

永久の恵みをお与えになるアッラー唯独りにのみ称賛は属す。いかなる力も権能も至高なるアッラーのみに属す。称賛はアッラーのみに属す。彼こそは選良の崇拝者に恵みの徴をお見せになり、アッラーの命令に従うようお導きになり、反抗することから遠ざけお救いになった。そして彼ら崇拝者の階梯はアッラーの「親しき友」イブラーヒーム――彼に平安のあらんことを――の階梯と同じものであると教えてくださった。

すなわちそれは、「フトゥーワ」である。

「彼らは言った。『われらはある若者が彼ら（偶像）について（悪く）言うのを聞いた。イブラーヒームと言われる（者である）』」（クルアーン21：60）

アッラーは「ファター」（若者、「フトゥーワ」を体現する者）の称号を選良の崇拝者にお与えになった。なぜなら「フトゥーワ」を冠し、またそう呼ばれる者は、自分自身、同胞、財産、子供をアッラーのために捧げ、自分が持つ全てを、真に全てを持つ者であるアッラーに捧げ、現世とそこにあるものを捨て去ったからである。そこからアッラーはアッラーの友の選良を「ファター」の名でお呼びになった。

「まことに彼らは彼らの主を信ずる若者たちであり、われらは彼らに導きを増し加えた。」（クルアーン18：13）

「フトゥーワ」を体現する者は、**いかなる仲介も証拠も必要とせず、アッラー唯独りのためにアッラーを信じ、豊かな導きをアッラーから与えられアッラーに近き宿処に立つに至ったのである。**

「われらの主は諸天と地の主であり、われらは彼をさしおいてどんな神にも祈ることはない。そうなれば（アッラー以外に祈れば）、大法螺を言ったことになる」（クルアーン18：14）

そして真なる御方（アッラー）は彼の衣を彼らに着せ、アッラーの高貴なる守護のもとにひきよせ、アッラーの方向にある優しさへと向かわせた。

「われらは彼らを右側に、また左側に寝返りさせ」た（クルアーン18：18）

このように、「フトゥーワ」の道にある者は、真なる御方（アッラー）の守護の中にある。

フトゥーワとは、**同胞たちと親しき交わりを結び、彼らの望みに応えることである。**アナス・イブン・マーリクが伝えるところのハディースより、
預言者曰く、「信仰者に柔和に接し、小さなことでも大きなことでも彼の現世の必要を満たすために行動した者には、アッラーによって最後の審判の際に奉仕者がもたらされる。」

フトゥーワとは、**無礼には善行で返答し、悪業を罰しないことである。**アブー・アフワスの父が伝えるところのハディースより、アブー・アフワスの父が「預言者よ、ある男の許へ行き、助けを得られなかった場合、私も同じことを彼にするべきでしょうか？と聞くと預言者は

『否』と答えられた。」

フトゥーワとは、**同胞の欠点をあら捜ししないことである。**ムアーウィヤが伝えるところのハディースより、

預言者曰く、「もしお前がムスリムの欠点を執拗に探すようであれば、彼らを破滅させてしまうか、破滅させかけるだろう。」

フトゥーワとは、**同胞の内で信頼している者の家に、招待なしに訪れることである。**アブー・フライラが伝えるところのハディースより、

「アブー・バクルとウマルが座っていたとき、預言者が彼らの許にやって来て『なぜここに座っているのか?』と尋ねた。アブー・バクルとウマルは答えて曰く『空腹です、(あなたに真理をもたらした)アッラーの使徒よ』、(アブー・フライラも)『私の魂がかの手の内にある御方

（アッラー）に誓って、私も、空腹によりここに来ました』と言うと、預言者は『アンサールの者の家に行きなさい』と言われた。」

フトゥーワとは、**用意された食べ物に文句をつけないことである。**アブー・フライラ―アッラーが伝えるところのハディースより、

「預言者は決して食べ物に文句をつけることはされなかった。食欲をそそられれば食べ、なければ食べられなかった。」

フトゥーワとは、**人格の高貴さである。なぜなら、それは天国の民の行いだからである。**アナスが伝えるところのハディースより、

アナスが病にかかり、彼の同胞がアナスの許を訪れたとき、アナスは彼の従僕に言った。「同胞に持って行きなさい。たとえそれが一切れのパンであったとしても。なぜなら私は預言

者がこう言われるのを聞いた『まことに寛容とは天国の民の行いである。』」

預言者のスンナである人格の高貴さについてはいくつかの説明がある。

イブン・ウマルが伝えるところのハディースより、

預言者曰く、「まことにアッラーのために同胞がお互いに訪問しあうことは人格の高貴さである。迎え入れる者は、同胞に寄り添い、自分の手元にあるものを差し出さなければならない。たとえ手元にあるものが一滴の水だけであったとしても。もし差し出さない者がいれば、彼は昼夜問わずアッラーの復讐のうちに留まり続ける。」

フトゥーワとは、**同胞たちと親交を結ぶことである。**ジャービルが伝えるところのハディースより、

アッラーの使徒曰く、「信仰者とは、親交を結ぶ者である。親交を結ばず、また結ばれない者に善き者などいない。人間の中で最高の者とは他の人間に益をもたらす者である。」

フトゥーワとは、**自分のものを同胞に惜しみなく与えることである。**アーイシャが伝えるところのハディースより、
アッラーの使徒曰く、「天国とは惜しみなく与える者の家である。」

フトゥーワとは、**竹馬の友を大切にすることである。**アーイシャが伝えるところのハディースより、
「アッラーの使徒は言われた、『まことにアッラーは古くからの友を大切にすることを愛される。』」

フトゥーワとは、**同胞を気にかけることである。**アブドゥッラー・ブン・アブー・ムサーウィルが伝えるところのハディースより、アッラーの使徒が以下のように言われるのを聞いた。
「隣に空腹に苦しむ同胞がいながら満腹している者は信仰者ではない。」

フトゥーワとは、**食事の際に作法を守ることである。**アブー・フライラが伝えるところのハディースより、
預言者曰く、「同胞の食べ物をもの欲しそうな目で見てはならない。」

フトゥーワとは、**罪とは言えないものに関しては同胞に寛大であることである。**イブン・アッバースが伝えるところのハディースより、
預言者曰く、「アッラーを信じることの次に知性を示す主たるものは、真理を捨てること以外については人に寛大であることである。」

フトゥーワとは、**同胞と助けあい、協調することである。**アブー・サイード・フドリーより伝えられしハディースより、

ある男がアッラーの使徒のために食事を用意し、預言者ムハンマドと教友たちを招いた。食事が運び込まれたとき、招かれた集団のうちの一人が「私は断食している（から食べられません）」と言った。すると預言者はこう言われた。「同胞はあなたを招き、あなたのために苦労して料理を作ったのだ。」そして、こうも言われた。「断食を解きなさい。そしてあなたの望む場所で別の日に断食しなさい。」

フトゥーワとは、**家族の前に同胞を大切にすることである。**アリーが伝えるところのハディースより、

預言者の娘ファーティマが預言者に従僕を頼んだとき、預言者はこう答えられた。「日除けの人々（預言者モスクの日除の下に住んだ清貧の教友）を空腹のうちに放っておきながら、お前に従僕を与えることなどできない。」

フトゥーワとは、**同胞に彼らの財産を扱うように自分の財産を扱うことを許すことである。**

イブン・ムサイヤブの伝えるところのハディースより、

「アッラーの使徒はアブー・バクルの財産を自分の物のように扱っておられた。」

フトゥーワとは、**人を手厚くもてなすことである。** ウクバ・ブン・アーミルが伝えるところのハディースより、

アッラーの使徒曰く、「悪い社会とは客人をもてなさない社会である。」

フトゥーワとは、**同胞を尊敬し、またそれを行動で示すことである。** ワーシラ・ブン・ハッタープ・クラシーが伝えるところのハディースより、

ある男がマスジドに入ると、預言者ムハンマドが独りで座っておられたが、その男のためにその場を動こうとされた。男は預言者に「アッラーの使徒よ、この場所は広いというのに（な

ぜその場を動こうとなさるのですか）」と言うと、預言者は言われた、「まことに信仰者には（尊重される）権利がある。」

フトゥーワとは、**廉直であることである。**ウルーワが伝えるところのハディースより、スフヤーン・ブン・アブドゥッラー・サカフィーが「アッラーの使徒よ。あなたに尋ねた後に、誰にももう尋ねる必要がないように、イスラームについて教えてください」と言うと、預言者は「『アッラーを信じます』と言い、そして廉直でありなさい」と答えられた。

フトゥーワとは、**自分自身は（少しだけのことで）満足し、心穏かであることである。**アブー・サイード・フドリーが伝えるところのハディースより、預言者曰く、「私のウンマの補佐人は、彼の行為によって天国に入るのではない。アッラーの慈悲と、欲のなさ、心の穏かさによって天国に入るのだ。」

フトゥーワとは、**正しき者たちの衣をまとう前に、心の奥底まで浄化することである。**

ハサンが伝えるところのハディースより、

アッラーの使徒は私に以下のように言われた。

「お前たちの心が清く正しくない限り、修行者の羊毛（スーフ）を着てはならない。修行者の羊毛を堕落し不信仰に満ちた心をもってまとった者は、天の権能者であるアッラーに憎まれるであろう。」

フトゥーワとは、**客人を歓待しもてなすことである。**

アブー・フライラが伝えるところのハディースより、アッラーの使徒は以下のように言われた。

「アッラーと来世を信じる者は客人を手厚くもてなしなさい。」

フトゥーワとは、**同胞より後に食事に手をつけることである。**

ジャアファル・ブン・ムハンマドは彼の父から以下のことを伝え聞いた。

「アッラーの使徒は、皆と一緒に食事をする際は（周りを優先し）最後に食事をされていた。」

フトゥーワとは、**手元に残る財産とは、その財産から得た何かではなく、そこから自分が（他人のために）費やしたものであることを理解することである。**

アーイシャが伝えるところのハディースより、

アッラーの使徒に羊肉が贈られ、彼はそれを切り分け（同胞に振る舞った）。もう羊の首の肉しか残っていないではないですか、と私（アーイシャ）が言うと、彼は「（首肉しか残っていないのではなく）首肉以外の全てが（我々の）手許に（楽園での報償として）残っているのだ」と言われた。

フトゥーワとは、**同胞の喜びのためなら（スンナの）断食を解くことである。**

イブン・ウマルが伝えるところのハディースより、アッラーの使徒は以下のように言われた。

「もし断食している状態でムスリムの同胞の許を訪れ、彼があなたの断食を解くことを望んだなら、断食を解き、談笑しなさい。」

フトゥーワとは、**同胞と仲良く、冗談を交えながら笑顔で過ごすことである。**

フサイン・ブン・ザイドは以下のように伝えている。

私（フサイン・ブン・ザイド）がジャアファル・ブン・ムハンマドに「預言者は冗談を言う御方でしたか」と聞くと、ジャアファルは次のように答えた。

アッラーは彼（預言者ムハンマド）を冗談を言う偉大な被造物として形容された。アッラーは数多くの預言者を遣わされたが、（宣教活動の中で）苦しんだ者も多かった。しかしムハンマドは憐れみと慈悲によって遣わされた。彼のウンマに対する慈悲とは、同胞に対して冗談を交えながら接したことである。これは、同胞が誰一人としてムハンマドへの畏れ多さのために彼を見ることすらできないような状態になってしまわないためである。アッラーの使徒はこう仰った。「アッラーは同胞にしかめ面を向けるような者を憎まれる。」

フトゥーワとは、**自分や自分の行いを買い被らず、自分の行いに対して見返りを求めないことである。**

私（スラミー）は、ムハンマド・ブン・アブドゥッラー・ラーズィーが以下のように言うのを聞いた。

アブー・アッバースはアッラーが最も憎む行いについて問われ、こう答えた。

「自分や自分の行いを買い被ることであり、最も憎まれる行いは自分の行為に見返りを求めることである。」

フトゥーワとは、**自らを省み、悔い改めることである。そしてそれは再び過ちを犯すまいとする決心によって正しいものとなる。**

アブー・ハサン・ズナイン曰く、正しい悔悟には以下の三つが必要である。

一つは、罪を犯してしまった過去を悔いること
二つは、二度と過ちは犯さないという強い決心
三つは、畏れを心に常に抱くことである

なぜなら、自分が罪を犯したことを確信し、畏れから悔悟した者は、その悔悟がアッラーに受け入れてもらえるかどうか分からないことを知っているからである。

フトゥーワとは、**アッラーの友（ワリー）を愛することで、アッラーの愛を引き寄せることである。**

ある男がアブー・ヤズィード・バスターミーに「どうやったらアッラーとお近づきになれるのでしょう」と問うと、バスターミーは以下のように答えた。

「アッラーの友である聖者を愛し、彼らがあなたを愛してくれるように愛らしくいなさい。な

ぜならアッラーは聖者の心を毎日七十回見ておられ、もし聖者の心の中にお前の名前を見出されればアッラーはお前も愛され、罪を許してくださるかもしれないからだ。」

フトゥーワとは、**同胞が間違いを犯した際に彼らを責めるのではなく、彼らが罪を犯したときは共にアッラーに赦しを請うことである。**

私（スラミー）はアブー・ファラジュ・サーイグから次のことを伝え聞いた。

ユースフ・ブン・フサインがアブー・ヤズィード・バスターミーの許にやってきて、「どのような者と共にいればよいでしょうか？」と問うと、バスターミーはこう答えた。「お前が病に倒れたときには訪ね、お前が過ちを犯したときにはお前のためにアッラーに赦しを請うてくれる者である。」

そして以下の詩を詠んだ。

もしあなたが病に倒れたなら、あなたの許へ馳せ参ず
もし罪を犯したなら、あなたのお傍に行き（アッラーに）赦しを請う

フトゥーワとは、**アッラーに身を委ねる真理に到達していない限り、（日常の糧を）得ることを怠らないことである。**私（スラミー）がアブー・バクル・ラーズィーから、イブラーヒーム・ハッワースの次の言葉を伝え聞いた。

「毎日の糧を得ることを止めることが（アッラーによって）求められ、糧を得る労働の場から離れた状態が持続し、収入を得る必要のない状態にならない限り、スーフィーは働くことから逃げないことが求められる。もし（働く）必要が生じ、また労働を避ける理由も妨げるものもないのであれば、働くことは最も大切なことであり、糧を得ることは許可される。なぜなら禁欲的な生活を送ることは、教育や顕職、慣習から離れ解脱した者が行うことだからだ。」

フトゥーワとは、**各々の状態や作法に応じて、主であるアッラーに対する自分の信仰を正すことである。**

ハイル・ニサーフはアブー・ハムザが以下のように言うのを聞いた。

「アッラーに身を委ねていると信じながら、満腹は食物を用意することとは違うからと、お腹を一杯にして砂漠に入ったなら、私はアッラーに恥ずかしくて顔向けできないだろう。」


フトゥーワとは、**アッラーが禁じたことを尊重することである。**

アリー・ムーサー・ターヒリーが伝える話に以下のようなものがある。

アブドゥッラー・ブン・マルワーンは硬貨を汚れた井戸に落としてしまい、十三ディナール金貨で人を雇って硬貨を取り出してもらった。（なぜわざわざお金を払ってまで硬貨一枚を取り出したのかと）聞かれ、アブドゥッラー・ブン・マルワーンはこう答えた。「それ（汚れた井戸に落ちた硬貨）にはアッラーの御名が刻まれていた。それ（アッラーの御名）ゆえ私はそれ（硬貨）を尊重し（汚れた井戸）から拾い上げたのだ。」

フトゥーワとは、**自分がそうしてほしいように人を大切にすることである。**

預言者曰く、「自分を愛するように人を愛しなさい。それであなたはムスリムとなるでしょう。」

また別のハディースではこうも言われている。

「あなたがあなたのところに来てほしいと他人に望んでいるのと同じように、他人のところに向かいなさい。」

サイード・スーフィーがイブン・ヤズザーニヤールについて以下のことを聞いた。

ある男が私に助言してくださいと言ってきたので、イブン・ヤズダーニヤールはこう答えた。

「自分についてこう判断してほしいと思うように人を判断しなさい。」

フトゥーワとは、**心の奥底の秘密と心をもってアッラーの庇護のもとに移り住むことである。**

アッラー曰く、「ルートは彼（イブラーヒーム）を信じた。彼（イブラーヒーム）は言った。『まことに、私はわが主の御許に移り住む者である。』」（クルアーン29：26）

アブー・ターリブ・シーラーズィーはアブー・バクル・タマスターニーが以下のことを言う

のを聞いた。「我々と共にいき、クルアーンとスンナを守り、自分の欲望、被造物、浮世から離れ、心の奥底の秘密と心と共にアッラーの許へと移り住み、誠実さをもっている者は、フトゥーワによって目的が達成される。しかし離れたはずのもの（欲望、被造物、浮世）に戻るならば目的は達成されないだろう。」

預言者ムハンマドは以下のように言われた。

「移住とは、その目的のために移住するのである。」

フトゥーワとは、**アッラーか彼の使徒かアッラーの友（聖者）と共にいることである。**

アッラーと正しく親交を結ぶ者は、彼の本（クルアーン）を丁寧に読み、どんな言葉よりもアッラーの言葉を好み、アッラーの命じたところの作法、命令に従うだろう。アッラーの使徒（ムハンマド）と正しく親交を結ぶ者は、彼の人徳、スンナ（預言者ムハンマドの言行）、作法、善行に倣い、するべき行為やするべきではない行為を決めるにあたり彼のスンナを先導とするだろう。アッラーの友（聖者）と正しく親交を結ぶ者は、彼の道に従い、彼の作法を体得し、彼のスンナを必要とするだろう。この段階から転げ落ちた者は滅びる者たちのうちにある。

フトゥーワとは、**諸々の被造物による雑念に取りつかれないために、（アッラーに対する）誠実さを自分に求めることである。**

アブー・バクル・タマスターニーが私（スラミー）に以下のことを話した。

「自身とアッラーとの誠実な関係を望む者は、アッラーの創り給うた被造物に囚われず、アッラーとの誠実な関係のみに専心する。」

フトゥーワとは、**自らへの恵みはアッラーが保証してくださっていると信じることである。**

サハル・ブン・アブドゥッラーは以下のように言った。

「アッラーが保証してくださっているのに自らの生計を案ずる者は、アッラーにとっては何の価値もない。」

フトゥーワとは、**同胞と調和して過ごし、反目しないことである。**ムサイヤブ・ブン・ワーディフは以下のように言った。

「私が『立て、行こう』と言うと、『どこへ』と聞いてくるような同胞は同胞とは呼べない。」

フトゥーワとは、**愛する者と好き嫌いで反目しないことである。**アフマド・ブン・シラトはビシュル・ブン・ハーリスが以下のように言うのを聞いた。

「お前の愛する者を怒らせる者を愛することは男らしさとは言えない。」そして以下の詩を詠んだ。

あなたは私の敵に似るようになった。それで私は彼らを愛するようになった
なぜならあなたがくれた喜びは、彼らがくれた喜びだから
あなたが私を蔑むなら、私も私を蔑もう
あなたが蔑むような、とるに足らないものにどうしてやさしくできよう

フトゥーワとは、**アッラーに祈り、懇願し、語らうときにも作法を守ることである。**

ムハンマド・ブン・アブドゥッラーはサイード・ブン・ウスマーン・アッバースが以下のように言うのを聞いた。

「私は貧困の中にありながらも自分の足で八十回ハッジ（大巡礼）を行った。タワーフ（周礼）を行っているとき、（アッラーに対する想いが）舌に溢れ、『私の愛する御方よ』と口にした。そのとき『愛を捨てるほどまでに貧者となることには喜びを覚えないのか』との囁きが聞こえ気を失った。そして立ち上がり私は『あなたの貧しき者！　あなたの貧しき者！』と言った。」

フトゥーワとは、**アッラーの僕《しもべ》としての作法を守りながら、被造物を良く扱うことである。**

ズー・ヌーンは以下のように言った。

「叡智の人々には三つの特徴がある。動物が持つ不安を和らげ、アッラーの名を唱える人々の集会でアッラーの恵みを降り注ぎ、真知者の舌をもってアッラーに関する証を広めることである。」

フトゥーワとは、**自分をよく見つめ、知り、（アッラーに）背く行いで日々を無駄にしていることを悔いることである。**カッターニーはアフマド・ブン・アリーに以下の話を言って聞かせた。

「ラッカ出身の男は自分自身を見つめ、六十歳であることに気づいた。数えるとそれは二万千五百日であった。彼は叫び気を失った。そして気を取り戻すと彼は言った。『ああ、何たること。毎日一回罪を犯しただけでも、二万千五百個もの罪と共にアッラーの御前に行かなければならないのか！　しかし毎日一万も罪を犯している私はどうしろと！』男はそう言うと再び気を失った。周りの者が彼を起こそうとやってきたが、男はすでに死んでいた。」

アッラーが望むならば、続き（第二章）へ。フトゥーワとは、**外面的にも内面的にも常に謙抑を保つことである。**称賛は諸世界の主であるアッラーのみに属す。われらが長ムハンマドとその御家族に祝福あれ。

٢

フトゥーワ　**第二章**　己を鍛えること

フトゥーワを実践する者は、心も鍛えなければならない。自我を抑え同胞のために生きる情熱に燃え、同胞の欠点を探すよりも常に自らを省み、アッラーを畏れ敬うことが求められる。

慈悲あまねく慈悲深きアッラーの御名において

フトゥーワとは、**外面においても内面においても謙抑を持って生きることである。**

イブン・アラウィィーヤはヤフヤー・ブン・ムアーズ・ラーズィーが以下のことを言うのを聞いた。

「つつしみには二種類ある。外面においての謙抑と内面においての謙抑である。外面においての謙抑とは、アッラーのため以外には行動しないことである。内面においての謙抑とは、アッラー以外のなにものもお前の心を占めないことである。」

フトゥーワとは、**（断食による）飢えによってシャイターン（悪魔）から身を守ることである。**

アブー・フサイン・ファーリスィーはイブン・イサームが以下のように言うのを聞いた。

「ある者が飢えていたとして、意識的な飢え（断食）であるならばシャイターンはその者に決して近づかない。」

フトゥーワとは、**アッラーを想起することで僕《しもべ》の外面・内面に影響を及ぼすことである。**外面においては、それは（アッラーに対する）卑下と畏れによって、内面においてはそれは満足によって成る。

ムハンマド・ブン・ナシールはジュナイドが以下のように言うのを聞いた。

「まことにアッラーには崇拝者がいる。アッラーの偉大さを祈念しているときに、アッラーとの関係が断ち切れることとその畏れから身動きがとれなくなってしまう者こそアッラーの崇拝者である。彼らは雄弁に言葉を話し、自由で、理性的で、アッラーとアッラーの持つ時間について知る者である。」

フトゥーワとは、**アッラーがお前に保証したものを信じ、アッラーがお前に命じたことに専心することである。**

私はアブー・フサイン・ファーリスィーが以下のように言うのを聞いた。

「アッラーが十分に与えてくださった恵みを不満に思ってはならない。アッラーから託された使命を遂行しなさい。それこそが寛容さに溢れ、血気盛んな者の行いである。」

フトゥーワとは、**ふたつ世（現世と来世）の事に囚われアッラーから離れてしまわないように気を付けることである。**

アブー・フサイン・ブン・ハムダーンはラービアが以下のように言うのを聞いた。

「ああ、私の神よ、私の気がかりは現世です。現世ではあなたの名を唱えることです。来世ではあなたを拝見することです、私をあなたが望むようになさってください。」

フトゥーワとは、**四肢の行いを正すことで心の清浄を求め、心に良い影響がある四肢の行いに専心することである。**

イブン・イサームはサフル・ブン・アブドゥッラー・トゥスタリーが以下のように言うのを聞いた。

「四肢の行いを悪行から守っている者はアッラーが彼の心を悪徳から守っている。アッラーが彼の心を悪徳から守っている者はアッラーが彼の心に平安を与えている。アッラーが彼の心に平安を与えている者は、アッラーは彼を人々から従われるべき先導者としている。アッラーが彼を人々から従われるべき先導者とした者は、アッラーは彼を最高の被造物の証しとしている。」

フトゥーワとは、**（仕返しする）能力があったとしても人を赦すことである。**

アリー・ブン・アブドゥッラー・グダーリーはサリー（・サカティー）が以下のように言うのを聞いた。

「仕返しができたのにもかかわらず人を赦した者は、自らが罰せられるときにはアッラーから赦しが与えられる。」

フトゥーワとは、**他人の恥よりも自らの恥を省みることである。**

イブン・ウスマーンはズー・ヌーンが以下のように言うのを聞いた。

「他人の恥にばかり目がいく者は自分の恥など省みようともしない。自分の恥を省みる者は他人の恥など目に入らない。」

フトゥーワとは、**アッラーを想起することで内面の価値を高め、アッラーに従うことで外面の価値を高めることである。**

フサイン・ブン・アラウィーヤはヤフヤー・ブン・ムアーズが以下のように言うのを聞いた。

「アッラーは人に内面を創り、アッラーを想起することでその内面の命があるようにされた。アッラーは人に外面を創り、アッラーに従うことでその外面の命があるようにされた。アッラーは現世を創り、現世を捨てることで安寧が訪れるようにされた。アッラーは来世を創り、来世のための行いによってそこでの喜びが訪れるようにされた。」

フトゥーワとは、**愛する者が愛される者の望むことに従うことである。**

アブー・フサイン・マーリキーは以下の話を伝えている。

アブー・フサイン・ヌーリーがアブー・カースィム・ブン・ジュナイドの許を訪れ、「あなたはどんなことでもお話しになると聞きました。あなたが望むどんなことでもお話しください。(もしあなたが知らぬことがあれば)私が付け加えますから」と言った。アブー・カースィムが「何を話そうか」と言うと、アブー・フサインは「愛について」と言った。そこでアブー・カースィムはこう言った。「ひとつ話をしよう。私と友人たちが庭にいたときです。友人の一人が食事を運んでくるはずだったのだが、遅れていた。そこで庭園のテラスに上ると目の見えない老人と優美な顔をした若者が共にいるのが見えた。老人は若者に『これ、とあなたが命じれば私はそれに従った。これをするな、とあなたが禁じれば私は行わなかった。私はあなたが望んだことに反したことはなかった。何をお望みか?』と問うと、若者は『あなたに死んではほしい』と言った。すると老人は『左様か。では死にましょう』と言い、横になり顔を覆った。私は友人に『あの老人には（生きていることを示す）なにものも残っていないように見える。しかし本当に死んだはずがない。ただ死んだように見せかけているだけだ』と言い、我々はテラスから降り老人の許に行ってみた。すると老人は本当に死んでおり我々はたいそう驚いた。」（アブー・カースィムの話にヌーリーは驚かされ、付け加える言葉もなく）彼はただ立ち上がり、その場を去った。

フトゥーワとは、**同胞と非難しあうことを避け、許しあうことである。**

ムハンマド・ブン・バシールはイブン・サッマークについて以下のように伝えている。イブン・サッマークと彼の友人が言い争いになった。友人は「論争は明日に持ち越そう」と言うと、イブン・サッマークは「いや、明日はお互いに許しあうことを約束しよう」と言った。

フトゥーワとは、**アッラーの被造物（である他者）を思いやり、尊重することである。**

ジュナイドは以下の話を伝えている。

ジュナイドの従者たちは、会衆のうち質問を繰り返す者たちについて「彼らは頑迷に質問し続けるにもかかわらず答えを求めているわけでもない」と不平を漏らし、ジュナイドに彼らのような者に応えないように求めた。するとジュナイドはこう言った。「彼らについての意見はあなた方とは違うようだ。私はたった一つの言葉でも彼らに届き、それが救いのきっかけとなることを望んでいるのだ。」

フトゥーワとは、**同胞に助言し、また同時に彼らに助言したことは自分にも欠けていることであると自覚することである。**

バドル・マガーズィリーは以下の話を伝えている。

ビシュル・ハーフィーにマガーズィリーが「バグダードでの生活はどうか」と問うと、ハーフィーは「もしムスリムとして死ぬことを望んでいるなら、バグダードには住まないことだ」と答えた。「しかしあなたはバグダードに住んでいるではないか」とマガーズィリーが言うと、ハーフィーは「人間がアッラーの命令を無視するようになったとき、アッラーは人間を悪に満ちた場所に投げ入れる。私は自分がアッラーの命令をないがしろにしたためにアッラーは私をこの悪に満ちた場所に放り込んだのではと畏れているのだ。」

フトゥーワとは、**賢者の言葉を受け入れることである。**たとえそのときその言葉を理解できなくとも、その言葉に宿る祝福の力がいつか理解の段階へと引き上げてくれる。ジュナイドは以下の話を伝えている。

「師たちの許で数年間学んでいたとき、師はこの知識（タサウウフ）について語っていたが、私は彼らが何を言っているのか理解できなかった。しかし師の言葉を否定することは決してしなかった。毎週金曜日には師たちの講義を聞きに伺い、彼らの話を聞いていた。たとえ理解できなくとも、彼らの言葉には真理が宿っていることは分かり、否定するなどという愚かなことはしなかった。幾年か過ぎた後、師たちが私の許を訪れ『このような問題があるのだが、このような問題やこれに類する問題を聞いたことがあれば教えてほしい』と答えを請うた。」

フトゥーワとは、**思いやりを持つこと、自己よりも他人を優先することである。**

アブー・ジャアファル・イスファハーニーはアブー・トゥラーブについて以下の話を伝えている。

アブー・トゥラーブはかの場所、つまりマッカにハッジ（大巡礼）月に向かった。ホラーサーンから来たある男が銀貨千枚を持ってアブー・トゥラーブの許にやってきた。男は「アブー・トゥラーブよ、これを受け取ってください」と言うと、銀貨を見せた。アブー・トゥラーブが「ここに銀貨を広げなさい」と言うと、男は両手に銀貨を広げ、そこからアブー・トゥラーブは銀貨を二枚とり、従者に布を一枚買うように言いつけた。そして買ってきた布を裂き一握りか二握りくらいの袋を作り銀貨を入れ、従者に周りの貧しい人たちのところに配りに行かせ、彼ら（貧者）が自分のところにとりに来る手間をかけさせなかった。銀貨をほとんど配り終えたとき、男が「あなたの従者たちは何日も食べていません」と言うと、アブー・トゥラーブは銀貨を一握りつかみ、「何か食べ物を彼らに買ってあげなさい」と言った。次にある女性が彼の許にやってきて、「アブー・トゥラーブよ、私は死にかけています」と聞いたところ、アブー・トゥラーブは従者たちに「何か残っているか探しなさい。あればそれを彼女に与えなさい」と言った。従者たちは銀貨を二枚見つけ、女性に与えた。

フトゥーワとは、**サリー・サカティーが我々に教えたところの徳である。**

サリー・サカティー曰く、「求道者が備えるべき徳は五つある。欲望、欲情、欲求に足を踏み入れず、悪を命じ本来の望みを困難にする欲望の力から逃れるには以下の五つが求められる。即ち他人の持ち物に気をとられないこと、自らの手、腹、性器をわずらわせ、他人に負担をかけないこと、偽善に陥らないこと、目上の者に従うことである。そして五つのこと、即ち移ろいゆくもの全て、人々、欲望、功名心、名誉欲から遠ざかることで節制を保つ。そして（求道者は）以下の五つのことを望む。即ち楽園の恵みであり、これを受け取るものにとって現世は汚れたものと映る。次に誠実さであり、そのためにはアッラーへの畏れを心に持つことが必要である。またアッラーに愛される者と同席することであり、アッラーに背く者と同席することが煩わしくなるだろう。そしてアッラーが満足されること全てを望むこと、無知な者が遠ざけること全てを望むことである。」

フトゥーワとは、**アッラーの知った後、アッラーのために苦しみに堪えることである。**

ズー・ヌーン・ミスリー曰く、「私がエジプトのある場所を歩いていたとき、子供たちが男に石を投げつけているのを見た。子供たちになぜこの男にこのようなことをするのかと聞くと、子供たちは『彼は狂っているからだ。アッラーを見たと言っている』と言った。彼を離してあげなさいと言うと子供たちは男を手放し帰っていった。男と二人になると、彼は背中を壁に寄り添わせていた。私は彼に『アッラーの慈悲がありますように。あの子たちが言っていたことは本当か？』と問うと、男は『あの子らは私について何と言っていたのだ？』と聞いてきた。あなたがアッラーを見たと言い張っていると子供らは言っていたと答えると、男は長い間沈黙し、そして顔を上げると涙が顔をつたっていた。男は言った。『アッラーにかけて、アッラーを知って以来、かの御方を見失ったことなどない。』」そして以下の詩を詠んだ。

愛はマラクート界（高次元）を渡り歩くことを望んだ
心は引き上げられ、舌は沈黙する

そして恍惚の表情を浮かべ、以下の詩を編んだ。

ああ、何人の手も届かぬ至高なる御方よ
我々は土塊にすぎぬ。あなたにこそ平安あれ

この世など苦しみに過ぎない
死をもってやっと足をまっすぐ伸ばすことができる

フトゥーワとは、**何か困難が起こったときも不平を言わず、心に余裕を持ち受け入れることである。**

私はアブドゥルワーヒドから、ムハンマド・ブン・マフブーブの以下の言葉を聞いた。

「私がバグダードの通りを歩いていると、精神病院の前を通りかかった。そこに眉目秀麗な一人の若者が、両足を繋がれ首には枷がはめられていた。若者はイブン・マフブーブに話しかけてきた。『イブン・マフブーブよ、お前の主は私が彼を愛しているから私の足を繋ぎ、首に枷をはめた。主はまだ満足していないのか。ぜひ主にこう伝えてほしい。もしあなたが満足していらっしゃるなら、この繋がれた状態もなんら気にならないと。』」

そして若者は次の詩を詠んだ。

あなたが近くにおいた者は、あなたから遠ざかることなど堪えられない

あなたへの愛に囚われた者は、あなたから遠ざかることなど堪えられない
たとえあなたを目でとらえられることはできなくとも、心であなたを見ているのです

フトゥーワとは、**常に清貧に暮らし、それに満足することである。**

私はアブー・ファラジュから、ビシュル・ブン・ハーリスの以下の言葉を聞いた。

「信仰者にとっての清貧さとは隠された財産である。それはアッラーが愛した者しかなることができない殉教者がアッラーの許での隠された財産であるように。」


フトゥーワとは、**いかなるときも決して人を騙さないことである。**

私はアブドゥルワーヒド・ブン・バクルから、アブー・アブドゥッラー・クラシーの以下の言葉を聞いた。「自分を騙し、相手を騙すようなものからは決して誠実さの芳香は香ることはない。」

フトゥーワとは、**現世とその中にある諸々のものから自由になり、現世の創造者である御方（アッラー）の真の僕《しもべ》となることである。**

私はアブドゥルワーヒド・ブン・バクルから、アフマド・ブン・ハンバルの以下の言葉を聞いた。

「私はイブン・サッマークが彼の兄に書をしたためているのを見た。そこにはこう書かれていた。もしできるならば、アッラー以外のものの奴隷となることを避け、アッラー唯独りの僕《しもべ》となるように努めよ。」

フトゥーワとは、**主人（アッラー）に仕えることに喜びを覚えることである。**

私はアフマド・ブン・ムハンマド・ブン・アリーから、ヤフヤー・ブン・ムアーズの以下の言葉を聞いた。

「アッラーに仕えることに喜びを覚えた者には諸々のものが喜びをもって彼に仕える。アッラーによって瞳が輝いている者には、諸々のものが羨望のまなざしをもって見つめる。」

フトゥーワとは、**自分に課せられた使命に専心することである。**

アフマド・アブ・ハーフィズはアブー・バクルの以下の言葉を伝えている。

「預言者ムハンマド曰く、最も良いイスラーム（の在り方）とは、自分が任されていないことはしないことである。」

また私はアフマド・ブン・ムハンマド・ブン・ヤークーブからマアルーフ・カルヒーの以下の言葉を聞いた。

「知者のうちアッラーが嫌う者は、いつも任されていないことに拘《かかずら》わる者である。」

フトゥーワとは、**いかなるときも清貧の作法を身にまとうことである。**

私はマンスール・ブン・アブドゥッラーからアブー・アッタース・ブン・アターの以下の言葉を聞いた。

「彼らのうち（スーフィー）の一人は言った。貧者の食卓には四つのものがあれば事足りる。すなわち渇愛、清貧、謙譲、感謝である。」

フトゥーワとは、**自分が知っている範囲でものを語ることである。**

私はアブー・バクル・ジュルジャーニーからジュナイドの以下の言葉を聞いた。「私はユーフラテス川のほとりを歩いていた。ある若者がここに住んでいると聞いたからだ。その若者はこの世の全ての憂いをその身に集めたような男だった。私は彼に話しかけた。『アッラーがあなたに満足し給いますように。この世で忠節をいかに守ることができるのでしょうか。』男は答えて曰く『ジュナイドよ、まず何よりも忠節とはそのような質問をしないことだ。』私が男の答えにがっかりしていると男は私を呼び寄せこう答えた。『ジュナイドよ、忠節を実際に果たす前に忠節のことを説明するなど、篤信者の行いではないのだ。』」

フトゥーワとは、**主であるアッラーに対して過去、または現在犯している過ちを自覚し、アッラーに対する畏れを常に抱くことである。**

私はアブー・バクル・ラーズィーからジュナイドの以下の言葉を聞いた。「己に一つの過ちを見つけながら（それに負い目を感じず）自分がした諸々の善行にしがみつく者は愚か者である。（アッラーの）命令に誠実さをもって従わない者は真理からは程遠い。」

フトゥーワとは、**雑念に囚われず、試練に耐えることである。**

私はムハンマド・ブン・アブドゥッラーからジュナイドの以下の言葉を聞いた。

「ある日私は朝早く起きてサリーー・サカティー師の許へ行った。サカティー師は私に『アブー・カーシムよ、昨日私は少し観照（アッラーとの神秘的対面・対話）を得た。そして私の心に（アッラーは）以下のように語り掛けてきた。』

……サリーよ、私は被造物を創造したが、彼らは常に私を見、私の許にやってくる。私が彼らに現世を見せると、十人のうち九人は現世に傾き、一人は私の許に残った。私が彼らに試練を与えると、十人のうち九人は弱り、助けを求め、去っていったが、一人は私の許に残った。」

「（アッラーの許に残った者たちに）私がお前たちは現世を望んでいたのでもなく、来世を望んでいたのでもなく、試練から救われることを望んでいたのでもなかったか？と問うと、彼らは『私たちが望むものはご存じのはずです』と言った。私はお前たちに大山でも耐えられない試練を課すこともできると言うと、彼らは『あなたがなされるのであれば（たとえ試練であってもアッラーからであったなら）我々は満足なのです』と言った。」

フトゥーワとは、**自分の状態、息遣いに至るまでよく観察し、無駄にしないことである。**よってサハル・ブン・アブドゥッラー・トゥスタリーはこう言った。「お前の持つ時間は何よりも貴い。最も貴いものに自分の時間を費やせ。」また私はアブー・サイード・ラーズィーからジュナイドの以下の言葉を聞いた。

「善き行いは以下の三つに集約されている。自分にとって大切なことに日を費やすことができなくとも、せめて自分にとって害のあることに日を費やしてはならない。善人と共に過ごすことができなくとも、せめて悪人と徒党を組んではならない。もしお前の財産をアッラーが満足することに使うことができなくとも、せめてアッラーのお怒りを買うような使い方をしてはならない。」

フトゥーワとは、**常に自分の過ちを悔い、悔い改めがアッラーに受け入れられるかを不安に思うことである。**私はアブー・バクル・ラーズィーからアブー・ハサン・ズナインの以下の言葉を聞いた。

「悔い改めは三つの行いに分けられる。自分が犯した過ちを後悔すること。二度とその過ちは犯さないという決心。そして赦されないかもしれないことへの畏れである。なぜなら人は自らの過ちははっきりと分かるが、悔い改めがアッラーによって受け入れられるかは分からず不安に囚われるからである。」

フトゥーワとは、**いかなるときも真理を守り、あらゆる状況に惑わされないことである。**私はアブー・ハサン・ブン・カターダからジュナイドにまつわる以下の話を聞いた。

「ある男がジュナイドにスーフィーとはどんな者かと問うと、彼はこう答えた。『アッラーと交わした約束を守る者である。』そのような者を見分ける印は何かと男が問うと、ジュナイドは『決して（真理から）目を逸らさず、欲望に全く囚われていない者である』と答えた。」

フトゥーワとは、**敬虔な者と共に過ごし、悪事を働く者とはかかわらないことである。**私はアブドゥッラー・ブン・イスフェンディヤーラーンからヤフヤー・ブン・ムアーズの以下の言葉を聞いた。

「ラッパが鳴り響く（最後の審判の）とき、悪人がいかにお互いに散り散りになり、善人がいかにお互いに集まるかを目撃するだろう。至高なるアッラーは仰る。『親友たちは、その日、互いが互いにとって敵となる。ただし、畏れ身を守る者たちは別である。』（クルアーン43：67）」


フトゥーワとは、**叡智の知を求めることである。その叡智には開示があり、その開示には目撃があるが、同時にその者は叡智の本質には何人も至ることはできないことも理解している。**

私はハサン・ブン・カターダからナワウィーの以下の言葉を聞いた。

「アッラーは被造物に知を得ることを許し、そのなかでもアッラーに近き者には叡智を、清浄な者には開示を、愛する者には目撃を特別に与えられた。しかしかの御方を見ることは誰にもできぬ。もしアッラーを真に理解したと思う者がいたならば、その者は迷妄の中にいる。もしアッラーから真理の開示を受けたと思う者がいたならば、その者は覆いの中にいる。アッラーの為し給うことよりも驚くべきものはない。」

フトゥーワとは、**現世に望みをかけないことである。**私はアリー・ブン・アブドゥッラー・バスリーからファーリス・ブン・アブドゥッラーの以下の言葉を聞いた。

かつて老婆がサフル・ブン・アブドゥッラーにお仕えしていた。あるとき彼女は病に伏せた。サフルはなぜ治療をしないのかと尋ねると、彼女はこう答えた。「もし私の耳を撫でるだけでこの病が癒えるとしても撫でさせません。（この病によって行きつく）主（の御許）こそ、なんと良き行く先であることか。」

フトゥーワとは、**アッラーを愛する者は、決して愛される御方に絶望しないことである。**サイード・ブン・ムハンマド・シャーシーを通して伝えられたサムヌーン・スーフィーの言葉曰く、

あなたのために私は血の涙を流す。私の涙が私の癒しの場である。

ムハンマド・ブン・イスマーイールはさらに加えて以下の詩を詠んだ。

彼ら（スーフィー）は、愛する者は（アッラーに）近づけばアッラーに心が傾き、遠ざければ法悦の境地から癒されるといった
我々は全てを試したが、癒されることはなかった
ならばあなたの家は遠くにあるより傍にあるほうが良い

フトゥーワとは、**自分を求める者は誰でも受け入れ、去ろうとする者は追わないことである。**

私はアブドゥルワーヒド・ブン・アリーからファーリスの以下の言葉を聞いた。

「スーフィーのうちのフトゥーワの民の徳目とは、彼の許にやってくる者を拒まず、彼の許を去ろうとする者を追わず、彼と共にいようとする者を支配しないことである。」


フトゥーワとは、**求道者を彼に欠点があるからといって撥ねつけず、見知らぬ者を善行によって受け入れないことである。**アブー・トゥラーブ・ナフシャビー曰く、

「もしある男が（アッラーを求める）意志を身にまとい、（求道者の）集団に入り、受け入れられたならもし彼に百の欠点があったとしても破門してはならない。また現世の益だけを求める者は、たとえ彼に百の善行があったとしても、その善行が見せかけのものでないと確信するまでは求道者の集団に入れてはならない。」

フトゥーワとは、**アッラーの僕《しもべ》であろうと望み、実践することである。**私はフサイン・ブン・ヤフヤーからジュナイドの以下の言葉を聞いた。

「アッラーの僕《しもべ》であること、自らの意志を捨て、アッラーに平伏し、かの御方唯独りを必要とすることである。」

フトゥーワとは、**同胞たちの許を訪れたときも彼らが訪れてきたときも、彼らと親しく交流することである。**

私はアブドゥッラー・ブン・アリー・サッラージュからビシュル・ブン・ハーリスの以下の言葉を聞いた。

「同胞らとかかわるときに他人行儀な作法をとらないことは美徳の一つである。アッラーに赦される範囲であるのに同胞らに親しげにかかわらない者は、同胞を嫌な気分にさせる。」

フトゥーワとは、**多大な努力をすることである。**

私はアブドゥッラー・アリーからドゥッキーの以下の言葉を聞いた。

ある日、アブドゥッラー・ハッラーズが私の許を訪れた。私はというともう四日も何も食べていなかった。ハッラーズは私を見、こう言った。「あなた方の一人が四日間何も食べずに飢えており、飢えは彼に叫びかけ、彼を呼んだのだ。」そしてさらにこう言った。「知っているか。アッラーから望むものを得るために、吐く息の全てを犠牲にすることはお前には為しがたいことか？」

フトゥーワとは、**アッラーを唱念する者には腰を低くし、助言する者から真理の言葉を受け入れることである。**

アブー・ファドル・ナスルが我々に伝えて曰く、

「フダイル・ブン・イヤードはフトゥーワとは何かと人に問われこう答えた。『アッラーを唱念する者には腰を低くし、助言する者から真理の言葉を受け入れることである。』」

またアブー・ファドル・ナスルが我々に伝えて曰く、ワキーゥは以下のように言った。

「同胞や友人の負い目を赦し、彼らが持つものに対して嫉妬しないことが必要である。」

フトゥーワとは、**僕《しもべ》がいかなる理由においてもアッラーの御許に戻り、彼の被造物ではなくアッラーを信頼することである。**

ナスル・ブン・ムハンマド・ブン・アフマド・スーフィーが我々に伝えて曰く、ヤフヤー・ブン・ムアーズ曰く、

「アッラーの親しき友には四つの特徴がある。いかなるときもアッラーを信頼すること、いかなるときもアッラーの御許に戻ること、いかなるときもアッラーに助けを求めること、いかな

るときもアッラーを求めること。」

フトゥーワとは、**いかなる場合にも被造物を慈しむことである。**

ジナスル・ブン・ムハンマド・ブン・アフマド・ブン・ヤークゥーブが我々に伝えて曰く、ジュナイド曰く、

「かつてダマスカスの端に老師アブー・ムーサー・クマースィーが住んでおられた。彼こそフトゥーワを体現した方であり、彼の徳はつとに語られていた。ある日彼と奥様が家にいたとき、家が倒壊してしまった。（人々が）やってきて瓦礫から二人を救おうとした。まず奥様のほうが先に見つかると、奥様は人々にこう言った。『老師を、老師を（先に探してください）』、アブー・ムーサーはそこの角におりました。』人々は従って奥様から離れ老師の許に向かい、土を彼から取り払うと老師はこう言った。『妻を、妻を（先に探してください）。』アブー・カーシムはこう伝えている。『このとき、どちらもお互い連れ添ってきた相手のことを何よりも先に思っていた』と。」

アッラーの御許で、アッラーのためにお互いを頼り、信じあう者はこのような境地の者であ

る。

フトゥーワとは、**いかなる理由があっても富める者は決して貧しい者をこき使わないことである。**

私はマンスール・ブン・アブドゥッラー・ハッワースから以下の話を聞いた。

「ある日ジュナイドと弟子が空腹でモスクに座っていた。すると彼らの友人の一人はジュナイドらが腹を空かせているのを見て、従者に命じ、市場に買い物に行った。そして食べ物を買うと、従者に食べ物を運ばせた。彼らがモスクの門に近づいたとき、ジュナイドはそれを見て（従者に）こう言った。『手に持っているものを捨ててモスクに入りなさい。』ハッワースは食べ物を運ばせた者にこう言った。『あなたの目には現世はどれだけ偉大に映っていることだろう！　貧しい者にあなたの食べ物を運ばせるとは。』そしてジュナイドらは食べ物を食べようとはしなかった。」

フトゥーワとは、**アッラーこそが奪い与える御方であることを理解し、問うことをせず、現世への望みから自分を卑しめないことである。**

私はアッラーが与えなかったものを与えることのできる人間など見たことがない
またアッラーが与えてくださったものを奪うことのできる人間も
寛大さも寛容さも恵みをお与えになることも、お前に赦しとお前の顔の水（面目）をお与えになる御方に属する
アッラーは（アッラー以外で）必要だと望まれた者の手から請われて得られたものを厭われる

フトゥーワとは、**いかなる状態にあっても自分の欠点を見つけ、自分自身に満足しないことである。**

私はマンスール・ブン・アブドゥッラーからアブー・ヤアクゥーブ・ナフラジューリーの以

下の話を聞いた。
「アッラーに導かれている者の印とは、純正な行いの中にも欠点を見出し、アッラーの名を唱えている中にも不注意を見出し、誠実な行いの中にも欠陥を見出すことのできる者である。このような者にとってはいかなる状態も満足できるようなものではなく、アッラーを求める心はいよいよ増し、彼にはもはや（アッラーを求める以外の）望みは消え失せる。」

諸世界の主、アッラーにこそ称賛は属する。我らが主ムハンマドとその善きご家族全てに祝福あれ。アッラーがお望みであれば、第三章に続く。

٣

フトゥーワ　第三章　全てをゆだねること

　アッラーのために、アッラーによって、アッラーと共に生きることこそがフトゥーワの目的である。自らの望みを全てアッラーにゆだねることが求められる。

慈悲あまねく慈悲深きアッラーの御名において
かの御方にこそ私は身を委ねる

フトゥーワとは、**俗世のつまらぬ理由で同胞と仲たがいしないことである。**

私はマンスール・ブン・アブドゥッラーからムハンマド・ブン・スクーダの以下の話を聞いた。

「かつて義兄弟の契りを交わした二人の男がいた。片方がもう一方に頼み事をしたことがあったが、その男は応えなかった。しかしこのことで二人の仲が悪くなることはなかった。男は義兄弟に『兄弟よ、かつてお前は私に頼み事をし、私はそれに応えなかったのになぜ気を悪くしなかったのか?』男はこう答えた。『私はあることを望んであなたを愛し、あなたを兄弟としたのです。私があなたを愛していることは決して変わりませんし、もし私の望みに応えなかったとしても気を悪くすることはありません。』そしてもう一方の男はこう答えた。『私はお前を試すために応えなかったのだ。私の持つものから望むものをとるがいい。お前にはその権利がある。』」

フトゥーワとは、**ジャアファル・ブン・ムハンマド・サーディクが述べた通りである。**

私はマンスール・ブン・アブドゥッラーからアリー・ブン・ムーサー・リダーの以下の話を聞いた。

「ジャアファルはフトゥーワとは何かと問われ、こう答えた。『フトゥーワとは、腐敗や驕りではない。フトゥーワとは、食べ物や財産（を与え）、差し出されたものを受け入れ、喜びに満ち、よく節制し、人に害をもたらさないことである。』」

フトゥーワとは、**外面の行為においても内面の心においても作法を守ることである。**

私はアブー・フサイン・ファーリフィーからアブー・ムハンマド・ジャリーリーの以下の言葉を聞いた。

「宗教（イスラーム）には十の財宝がある。そのうち五つは外に顕れ、もう五つは内に秘められている。外に顕れたものとは、誠実に話すこと、気前良くあること、謙虚にあること、他人に害を与えず、また害を与えられても耐えることである。内面に秘められたものとは、主の臨存を噛みしめること、そして主と別れることを畏れること、主の許に馳せ参ずることを望むこと、主に背いたことを深く悔いること、至高にして聖なる主に対し自らを卑下することである。」

フトゥーワとは、**被造物に執着しないことである。**

私はアブー・フサイン・ファーリフィーからアフマド・ブン・ダーウード・バルヒーの以下の言葉を聞いた。

「多くを求めない者への愛は長続きする。しかし友人にはばかりもなく会い常に何かを求める者に対して人は怒りを覚える。」

フトゥーワとは、**欲望を捨てることで悪行を犯すことから身を守ることである。**

私はフサイン・ブン・ヤフヤーからアブー・トゥラーブ・ナフシャビーの以下の言葉を聞いた。

「悪徳と欲望から身を守りなさい。」

フトゥーワとは、**アッラーに身を委ね、彼との繋がりだけで満たされることである。**

私はアブー・フサイン・ファーリフィーからジュナイドの以下の言葉を聞いた。

「真なる御方は、現世の民のために必要を満たしている。だからこそ人々はアッラーにその身を委ねると癒され、かの御方によって満足するのである。唯一神教徒の心から邪念を取り払われる主を信頼しきったにもかかわらず、（他の被造物を）望むことは清浄なる民にとってとても醜いことである。」

フトゥーワとは、**つかの間の享楽や交友よりは隠遁を選ぶことである。**

私はアブドゥッラー・ブン・ムハンマド・ブン・イスフェンディヤーラーンからヤフヤー・ブン・ムアーズの以下の言葉を聞いた。

「どんなものにも砦がある。魂の砦は隠遁である。被造物との無益な付き合いはやめるべきである。なぜなら彼らはお前と共にあるのではなく、お前に歯向かうものだからだ。また時は残酷なものだ。時間に飲み込まれる前に急ぎなさい。」

フトゥーワとは、**心境の前段を修得していない者は決して後段に至ることはない（ことを知ることである）**。

この前段の序段とは、義務を貫徹すること、清浄なる祈禱を行うこと、脱俗の旅支度（神の命を固く守る）決心である。これらを修得した者には、アッラーがその後にあるもの（行為の階梯）を与えられる。

フトゥーワとは、**アッラーとの間の秘密にほかの何ものも干渉させないことである。**

私はアブー・ファラジュ・アクバリーの以下の話を聞いた。

「シブリーが私に『アブー・ファラジュよ、（普段）何によって時間は過ぎているか？』と問うてきたので『妻と、子供たちだろうか』と答えるとシブリーはこう言ってきた。『赤硫黄（貴重なものの譬え）よりも貴い時間を、お前はアッラー以外の者のために費やしているというのか！　預言者もアッラーは嫉妬深く、嫉妬深い者を愛し給うと言われている。アッラーはかの御方以外のものが（心の中に）浮かんでいる彼の近しき友（聖者）に対して嫉妬し給う。』」

私が「私も嫉妬深い者だ」と言うと、さらにシブリーはこう答えた。「人間の嫉妬というのは人に対するものであるが、神の嫉妬というのは神以外のことに費やされる時間に対して向けられる。」

フトゥーワとは、**魂の（歩むべき）道を見出すため、自我の欲望に抗うことである。**

真智者のうちのある者もそのように話していた。「意志をめぐる問題に立ち止まり、そこで（あるべき意志について）何も典拠がもたらされなかったときには、欲望へと導こうとする心の状態を見、それとは逆のことを行え。そうしてそのときの（意志のあるべき）真理が知られるだろう。」

フトゥーワとは、**アッラーのために、アッラーによって、アッラーと共に立つことである。**アッラーによって立つことの印とは、いかなる状況においても（自身の意志による）選択なしに、（必要最低限以外の）者を排除しようと努めることである。アッラーのために立つことの印とは、いかなる状況においても終わりなく常にアッラーのために立ち、（神秘的）諸階梯、諸々の奇跡に頼ることなく、見返りを求めないことである。アッラーと共に立つことの印とは、アッラーと共に立つ者などなく、彼からアッラーが隠されることなく、アッラー以外の者に専心しないことである。

フトゥーワとは、アブー・フサイン・ブシャンジーが（フトゥーワとは何かと）問われ答えたことである。彼曰く、「**（フトゥーワとは）アッラーと共にある秘めた心の美しさである。それは自分のために望んでいることをお前の同胞のためにも望み、自分よりも彼らを優先することである。**」

「自分たちの許に移住して来た者を愛し、彼らに与えられたものに対して己の心に欲望を見出さず、またたとえ自分自身に欠乏があっても自分自身よりも（他の同胞を）優先する。」（クル

アーン59：9）
「汝らのうちの誰でも、自分自身のために望むことを同胞のために願うようになるまでは真の信仰者とはいえない。」

フトゥーワとは、**自分の時間以外のときには意識を向けないことである。**
サフル・ブン・アブドゥッラー・トゥスタリーは、いつ貧者（スーフィー）は自らの欲望から解放されるのかと問われ、こう答えた。「自らがいる時間以外のときを自分に見出さないときである。」

フトゥーワとは、**優雅であることである。**
アブー・サイード・ハッラーズはフトゥーワについて問われ、こう答えた。「（フトゥーワとは）頭でっかちにならず、自らを律し、被造物に期待せず、何かを求めず、困窮を隠し、富を隠さず、控えめであることである。」

フトゥーワとは、**いかなる状況においてもアッラーにその全て（の事の成り行き）を委ねることである。**

それは私がアブドゥッラー・ラーズィーから聞いたことである。彼曰く、「私はアブー・ウスマーンの書からこれを書いたが、それによればシャー・イブン・シュジャー曰く、『アッラーに委ねることとは自らの選択を捨てることである。』」

フトゥーワとは、**優しさである。**

それは、（自分の許を）訪れない者の許を（自ら）訪れ、（自分に）何も与えない者に与え、（自分を）傷つける者に至誠を尽くすことである。

フトゥーワとは、**アッラーに健康を求め、健康が与えられたときにはそれに感謝することである。**

アーイシャから伝えられしハディースより、

私が預言者に「威力の夜（その夜の祈りが千月の祈りと言われるラマダーン月の一夜）を見つけた際には私の主に何を祈るべきでしょうか」と問うと、預言者は「ふたつ世（現世と来世）における赦しと、健康と、息災をアッラーに祈りなさい」とお答えになった。

また私はアブー・バクル・ブン・アヒードからアブー・バクル・ワッラークの以下の言葉を聞いた。

「全ての平穏はアッラーの赦しによる。アッラーの赦しがなければ十全な平穏は得られない。」

私はアブー・フサインからイブラーヒーム・ハッワースの以下の言葉を聞いた。

「預言者か誠実な者以外は（真の）平穏を持ちえない。」

私はアブー・ウスマーン・マグレビーから以下の言葉を聞いた。

「最も賢明な者とは、平穏と共にいることのできる者である。」

フトゥーワとは、**誰かに尽くすことができる場合には、共にいる者に対してケチに振る舞わないことである。**

預言者はある男に「あなたの主人は誰か」と問われ、男が「ジュッド・ブン・アリー様ですが、ケチな方です」と答えると預言者はこう仰った。

「吝嗇《りんしょく》以外に深刻な病があるだろうか。」

私はアブー・アッバース・バグダーディーからアフマド・ブン・マスルークの以下の話を聞いた。

私はアブー・ナスル・ムヒッブと共にバグダードの通りを歩いていた。アブー・ナスルの持ち物は金貨八枚に相当する新品の肩掛けのみであった。ある物乞いが預言者ムハンマドの名にかけて施しものを我々に求めてくると、アブー・ナスルは肩掛けをとり、二つに折って裂き、その半分を物乞いに与えた。しかし数歩歩いた後、アブー・ナスルは「まったくこの（私のケチさは）見下げ果てたものだ」と言うと、（物乞いの許に）戻り、残りの半分を与えた。

フトゥーワとは、**倹しい生活に満足することである。**

私はムハンマド・ブン・ハサンからハサン・ムスヒーの、ビシュル・ブン・ハーリスに関する話を聞いた。

ある寒い日にビシュル・ブン・ハーリスは私を見つけた。そのとき私は集団と一緒におり、寒さから服を着込んでいた。ビシュル・ブン・ハーリスはそれを見て以下の詩を詠んだ。

集団の中にある日々と共に幾夜を過ごす。（彼らは）心配と不安の中に眠る
明日誰かが私は気前のよい掌から財を求めたと言ったとしても。私はこのほうが良い
満足しているのかと誰かが問うならば私はこう答えよう。満足こそが豊かさであると
豊かさとは財産や富の多さではない
安らかなときも苦しいときもアッラーに満足することである。私は開かれた（導きの）道
こそアッラーに願う

フトゥーワとは、**サリー・サカティーが挙げた特徴のことである。**ムハンマド・フサインが

私に伝えた話によれば、

「サリー・サカティー曰く、安らぎを得るには五つの特徴（が求められる）。即ち、悪人と交わらないこと、人々の中にあって節制を保つこと、人々の目から離れているときにも自分の行為を噛みしめること、アッラーに対して誰か罪を犯したとしてもそれを知らないと言える程に、人を決して責めないこと。また自分自身から浄化すべき（悪徳）も五つある。即ち、偽善、口論、見せかけ、地位への執着である。また、解放されるべき（悪徳）も五つある。即ち、吝嗇、強欲、怒り、野心、暴食である。」

フトゥーワとは、**行いや心的状態を正すことである。**

アブー・アッバース・ハッシャーブが私に伝えた話によれば、

「ズー・ヌーン・ミスリー曰く、（自らを）正した者は安らぎを得る。（アッラーの許へと）近づく者は近接の境地を得る。（自らを）清く保つ者は清浄を得る。（アッラーに）身を委ねる者は（アッラーとの）絆を得る。自分には関係ないものに立ち入る者は、自分にとって本当にかかわりのあるものを逃してしまう。」

フトゥーワとは、**謙譲の精神である。それは即ち真理を受け入れ、高潔であることである。**

アブー・アッバース・ムハンマド・ハーリディーが私に伝えた話によれば、「フダイルは謙譲とは何かと問われ、『真理に平伏し、身を傾け、真理について聞いたこと全てを受け入れることである』と答えた。またフトゥーワについて問われ、『人々の中にあって高潔であることである』と答えた。」

フトゥーワとは、**利他の精神をもって同胞を優先し、安らぎを与え、彼らの重荷を取り除くことである。**

アブー・アッバース・ムフラミーが私に伝えた話によれば、アブー・ジャアファル・ハッダード曰く、「私は十年に渡ってアッラーに身を委ねる境地を信じた。私は市場で働いていたが、私は稼ぎを飲み水に使うことも、公衆浴場に使うこともなかった。代わりに私は稼ぎをシュニーズや他の町で暮らす貧しい者たちのために費やし、彼らを援助した。また夜になれば家々を訪問し、残りもののパンの欠片を集め、日々の断食明けの食事として食べた。」

フトゥーワとは、**人々とのつきあいの中で忍耐し、必要最低限のつきあいで満足することである。**

私はアブドゥッラー・ムハンマドからヤフヤー・イブン・ムアーズの以下の言葉を聞いた。

「人づきあいは苦痛であり、つきあいの中で忍耐することは耐えがたいほどの苦しみである。しかしどうしても人とつきあわなければならないならば、アッラーを畏れ身を守る者と交流し、彼らと語らい、彼らの作法を学び、彼らの徳を身につけ、来世における敬虔者の一人となりなさい。」

フトゥーワとは、**謙遜し同胞に対して傲慢に振る舞わないことである。**

私はアリー・イブン・ムハンマド・カズウィーニーからアブー・フサイン・マーリキーの以下の言葉を聞いた。

「叡智の人々のうちのある者曰く、『傲慢であれば人々は彼を見下し鬱陶しいと思うだろう。』」

フトゥーワとは、**善い行いを始めたらそれを完遂することである。**

サイード・マアダーニーはアブー・ハサン・ブン・アブー・バクルに詠んだ詩を私に伝えた。

善行を始めれば、それをやり遂げることは義務となる
課せられた義務行為に対してお前こそが報酬なのだ
私にかかわることはあなたの一部でもあることを気に留めよ
差し伸べてくれた手は永久に感謝として残るだろう
私にとって良いことのために手を差し伸べなさい
差し伸べた手はあなたの首を飾る首飾りとなるのだから

フトゥーワとは、**何人も無下にしないことである。**

私はアブー・カースィム・ジャアファル・ブン・アフマド・ラーズィーから、彼の同胞アブー・アブドゥッラーの以下の話を聞いた。

「ブンナーン・ハンマールが男娼の許に行き、彼に善行を行うよう命じた。すると男娼は彼に

『去れ、お前は自分のことを気に留めろ』と言った。『私のことだと、お前は何のつもりだ』とハンマールが言うと、男娼は『お前は自分が私より優れているという思いを持ちながら家を出ただろう。お前にはそれ（傲慢さ）で十分だ』と答えた。」

フトゥーワとは、**誠実な者が自身のことや彼らの師匠たちについて語ることを信じ、彼らを否定しないことである。**

私はアブー・カースィム・ムクリーから以下の言葉を聞いた。

「タサウウフ（スーフィーの生き方）に入門し、得られる最初の恩恵とは、（フトゥーワの道を歩む）誠実な者が自身や彼らの師――アッラーが彼らに恵みをお与えにならんことを――について語ったことや彼らが見せた奇跡を信じたときに訪れる。」

フトゥーワとは、**イフサーンをもって同胞と仲たがいせず、責めず、申し出を断ったりしな**

いことである。

私はアブドゥッラー・ブン・ウスマーン・ブン・ヤフヤーからジャアファル・ブン・ムハンマド・ブン・ナスィール・ブン・マスルークの以下の話を聞いた。

「私はアブー・カースィム・ハッダードに何回か辛く当たったことがあり、ハッダードは私に以下の詩を詠んだ。

私ではなく他の誰かを試したとき、私を思い出すでしょう
私があなたにとっての宝であったことを
親密さを尽くして私はあなたに清浄なものを捧げた
私はあなたが望んだとおりにあったのに、あなたは邪険にした
あなたが強くなったとき私は弱くなった
私は見下されている者たちのうちにあり、彼の同胞は名誉を得た
あなたは地上で私にしたことで後悔し
私にしたことは弱さのためであったと知るでしょう

私はハッダードに謝ろうと彼のところに戻ると、彼はこう言った。『私は謝罪が欲しくてあ

なたを責めているのではありません、ただあなたに忠節の履行を促したのです。』」

フトゥーワとは、**同胞と共にあるときには寛容であり、良い作法を実践することである。**

すなわち、目上の者と共にいるときには敬意を表し、同じ立場の者と共にいるときには調和を重んじ、目下の者と共にいるときには思いやりと慈しみをもって接し、両親の言うことにはよく従い、子供には慈しみをもって良き作法を身につけさせ、人々には良い言葉をかけてやり、親戚とは優しさをもって絆を結び、兄弟とは誠実さと愛をもって接し、隣人には彼の抱える痛みを取り除くように努め、大衆には笑顔をもって物腰柔らかく接し、貧者には彼らの尊厳を尊重し、彼らの能力をよく理解し、富者には彼らを必要としないことを表明し、ウラマー（イスラーム学者）の言葉をよく聞き、アッラーの友たる聖者には謙譲の精神をもって彼を否定せずよく従い、逸脱の民、夜郎自大な者、節制を口では言いながら実は人々を無理やり従わせ彼らの財産を奪おうと企む者をいかなるときも遠ざけることである。

フトゥーワとは、**各々の人間の能力をよく理解することである。**

私は祖父からアブー・ウスマーンの以下の言葉を伝え聞いた。

「自身をちゃんと評価する者は他者も評価することができる。自らを低く評価する者は他者も低く評価してしまう。」

フトゥーワとは、**同胞に対して授けられたものについて、裏切らないことである。**

私はマンスール・ブン・アブドゥッラーからラビーウ・カーミヒーがラムラという町にいたときの話を伝え聞いた。

「私は貧者たちと共にいたとき、手持ちの銀貨を広げて貧者たちに配った。しかし私の心に『自分のために一枚銀貨をとっておこう』とどこからかささやく声が聞こえた。私は銀貨を一枚とっておいた。後日、腹がすいたので市場に向かい出店で支払いを済ませようとすると、なんととっておいた銀貨が銅貨になっている。商人には銅貨の受け取りを拒まれ、市場を歩き回ったがどこでも拒まれてしまった。私は同胞の貧者の許に戻り、『おお、同胞よ。どうか許してください。私は銀貨を一枚だましとっていたのです』と赦しを請うた。すると貧者は私の手から銅貨をとり、市場へと向かった。そこで彼らはパンとブドウを買い、皆で座り分けあいながら食事した。」

フトゥーワとは、**つまらないプライドを捨てることである。**

イブラーヒーム・ハッワース曰く、「自惚れは自分自身の能力をはかり間違えさせ、早計は真理を遠ざけるが、優しさと思いやりは後悔することを防ぐ。力はアッラーによりてのみ。」

フトゥーワとは、**嫉妬しないことである。**

私はアブー・カースィム・イブラーヒーム・ブン・ムハンマド・ナスラーバーズィーからアブドゥッラフマン・ブン・アブー・ハーティムの以下の言葉を聞いた。

「若者（フトゥーワの徒）の印とは、アッラーが彼に与えた恵みのために何人に対しても嫉妬せず、アッラーが同じような罪で自分を苦しめることを畏れ何人に対しても彼の犯した罪を責めず、アッラーが自らに下した決定に、それが自分にとって良いものであれ悪いものであれ満足することである。」

フトゥーワとは、**美しい性格を備えることである。**

私はナスラーバーズィーが若者（フトゥーワの徒）から聞いた言葉を伝え聞いた。

「性格の良さとは、アッラーの啓典を固持し、アッラーの使徒――彼に祝福と平安あれ――のスンナに従い、柔和であり、（他者の）痛みを取り除き、善行に励むことである。アッラーはムハンマドを以下の御言葉をもって預言者としてお選びになった。『赦免（寛容）を取り、良識を命じ、無知な者たちから遠ざかれ。』（クルアーン7：119）」

フトゥーワとは、アブー・バクル・ワッラーク――アッラーのご慈悲あれ――曰く、「**かつて初期（イスラームの）時代の若者（フトゥーワの徒）は、同胞を褒め自分自身を責めたものだ**

が、今日は自分自身を褒め同胞を責めている。かつて彼らは同胞のためには楽しみと安らぎを選び、自分自身には負担と困難を選んだものだが、今は同胞には負担と困難を選び、自分自身には楽しみと安らぎを選んでいる。」

フトゥーワとは、**過去や未来に囚われず今に専心することである。**

私はアブドゥッラー・ブン・ウスマーン・ブン・ヤフヤーからヤフヤー・ブン・ムアーズ——アッラーの御慈悲あれ——の言葉を聞いた。

「過ぎたことを後悔し、これから起こることに思案を巡らせているとあなたの人生に与えられている恵みが消えてしまう。」

フトゥーワとは、**同胞に財産を分け与えることである。**

私はアブー・バクル・ラーズィーからムハンマド・ブン・アブドゥッラー・カッターニーの

以下の言葉を聞いた。

「（最後の審判のとき）僕《しもべ》は同胞に与えた財産を除いてあらゆる財産の使い道を問われる。なぜならアッラーは（僕《しもべ》が同胞に分け与えた財産）について問うことを恥じるからだ。」

フトゥーワとは、**従順な者に対しても反抗的な者に対しても慈しみの情を持つことである。**

私はムハンマド・ブン・アブドゥッラー・ブン・シャーザーンからイブラーヒーム・アトルーシュの以下の話を聞いた。

「ある日我々はチグリス川のほとりにマアルーフ・カルヒーと共に座っていた。すると騒ぎ、タンバリンを打ち鳴らし、飲酒している集団が乗ったボートが通り過ぎていった。カルヒーの従者の一人が『ああ、アブー・マフフーズ（カルヒーの別名）よ、川を下る彼らの主（アッラー）に背く者たちを見ましたか。アッラーが彼らを呪うよう祈ってください』と言った。するとカルヒーは手を天に伸ばしながら『我が神、我が主よ。現世で楽しみを得ているように彼らに来世でも楽しみをお与えください』と祈った。カルヒーの従者が『アッラーが彼らを呪うように祈ってくれと申したではありませんか！』と言うと、カルヒーは『兄弟よ、もし彼らが来世で楽しみを得ているならば、それはアッラーが彼らの悔悟を受け入れているからなのだよ』と返した。」

フトゥーワとは、**自分が同胞にした善行を忘れ、同胞の価値を知ることである。**

私はアブー・バクル・ムハンマド・ブン・アブドゥルアズィーズからアブー・カースィム・イスハーク・ブン・ムハンマドの以下の言葉を聞いた。

私はアブー・バクル・ワッラークと別れるときにこれからは誰と同行するべきかを聞いた。するとワッラークは「お前にした自分の善行を忘れる者と。貸した借りをいつまでも覚えていて会ったときにはそれを思い出させたり、口にする者には気をつけなさい。また、自分の目的のためにお前を値踏みする者とはかかわってはいけない。」

フトゥーワとは、**外面的な行為以上に内面の心を厳しく見つめることである。**なぜなら外面は被造物が見つめる場所であるが、内面の心はアッラーが見つめる場所だからだ。

私はアブー・バクル・ラーズィーからアブー・ヤアクーブ・スースィーの以下の言葉を聞いた。

「五十年（クルアーン読誦のときに）文法的誤りを犯さないよう舌の動きに気を付けた者がいたが、彼は心の動きには気をつけなかった。このような者は惑わされている。」


フトゥーワとは、**社会とのかかわりのなかで礼節を守ることである。**

サフル・ブン・アブドゥッラー曰く、「お前の敵には公正をもって接し、あなたの友には寛容さと忠心をもって接しなさい。」


フトゥーワとは、**人とのかかわりから離れアッラーと共にいるときでも礼節を守ることである。**

私はアブー・ナスル・イスファハーニーからアブー・ムハンマド・ジャリーリーの以下の言葉を聞いた。

「私は一人でいるときでも足をだらしなく伸ばしたことはなかった。アッラーの御前にいるというのに礼節を欠くことなどあるだろうか。」

また私はアブー・バクル・ラーズィーからアブー・ヤズィード・バスターミーの以下の言葉を聞いた。

「私は夜に礼拝に立ち、そして座り足を伸ばしたところ、ある声が『王の傍に座る者は礼節をもって座らなければならぬ』とささやいてきた。」

フトゥーワとは、**古くからの友人を大切にすることである。**

預言者――彼に祝福と平安あれ――が「まことにアッラーは昔から続く友情を愛される」と言われた通りである。また私はアブー・バクル・ラーズィーからアブー・ムハンマド・マガーズィリーの以下の言葉を伝え聞いた。「もし継続的な友情を望むならば、古くからの友人を大切にしなさい。」

フトゥーワとは、**心的状態を隠すことである。**サハル・ブン・アブドゥッラー曰く、「以下の五つこそ人間の本質を表す。貧者が豊かさを装うとき、飢える者が満腹を装うとき、悲しむ者が喜びを装うとき、敵に愛情を見せるとき、昼夜断食をしていても弱さを見せないときである。」

フトゥーワとは、**自身の外的・内的状態をよく観察することである。**アブー・アリー・ジュズジャーニー曰く、「アッラーのもとに正しくあることとは、アッラーと共に心をまっすぐ立たせ、誠実に振る舞うことである。」

フトゥーワとは、**欲望を避け、悪しき態度を改めることである。**欲望の赴くままに生きてはならない。なぜならそれは暗闇へとお前を誘うからである。欲望は暗闇から生まれた。理性に従え。理性はお前を光へと導き、支配する御方（アッラー）へと至らせるであろう。

フトゥーワとは、**身体をアッラーへの離反行為から浄化させ、アッラーへの崇拝行為で飾ることである。**

アブー・アリー・ジュズジャーニー曰く、「お前自身の魂をアッラーへの畏れと節制をもって飾れ。そして畏れと悲しみによって洗い、謙虚さと愛を着せなさい。そしてアッラーがお前の魂を守るために、喜びと服従をもって魂をアッラーに捧げよ。」

フトゥーワとは、**破滅を避けるために悪人とはかかわらないことである。**

ヤフヤー・ブン・ムアーズ曰く、「悪人と付きあえば付きあうほど過ちを多く犯すようになる。悪人との交流を避ければ、アッラーは彼が悪人とかかわることを望み彼らに惹かれることのないよう彼の内面を守り給う。」

フトゥーワとは、**自らの信仰については細心であり、自らの財産については気前よくあることである。**

ヤフヤー・ブン・ムアーズ曰く、「信仰者は金銭については騙されることはあっても宗教については騙されることはない。似非信仰者は宗教については騙されることはあっても金銭については騙されることはない。」

フトゥーワとは、**自らの導師を何よりも優先させることである。**

私はアブー・バクル・ヤフヤー・スーフィーから以下の説話を聞いた。「カリフ・マアムーンが彼の家にやってきて、僕《しもべ》たちにこの家にあるものをなんでもとってよいと言った。僕《しもべ》たちは各々自分たちの望むものをとっていたが、ある若い僕《しもべ》は何も目もくれず、ただ他の者たちが欲しいものをとっていくのを眺めていた。カリフが『お前も何か欲しいものをとれ』と言うと、若者は『あなたが言われたことはまことでしょうか。信徒たちの長よ』と言った。カリフが『その通りである』と答えると、若き僕《しもべ》はカリフを抱き、その手をとり『あなた以外に私は何も望むものはありません』と答えた。カリフは他の者の何倍もの財産をその若き僕《しもべ》に与え、寵愛した。」

フトゥーワとは、**いついかなるときも同胞を忘れぬことである。**称賛は諸世界の主アッラーに。我らが主ムハンマド様とその御家族に祝福あれ。（第四章に続く）

٤

フトゥーワ　**第四章**　尽くすこと

　フトゥーワとは同胞に尽くすことだが、決して現世での見返りを求めたり、恩着せがましい態度をとってはならない。アッラーのために自らの行動を捧げるという意図をもって、初めてフトゥーワは完成される。

慈悲あまねく慈悲深きアッラーの御名において
かの御方にこそ私は身を委ね、代理者とするフトゥーワとは、**いついかなるときも同胞のことを忘れないことである。**アブー・ムハンマド・ジャリーリー曰く、「(同胞に対する)忠義は、人を不注意の微睡《まどろ》みや悪行への誘いから救う。」

フトゥーワとは、他人から自由であり、**現世の欲のために他人に媚びへつらわないことである。**ムワーウィア・ブン・アブー・スフヤーン——アッラーの慈悲があらんことよ——曰く、「お前の許に来た者は、自らの男らしさを売ったのであり、お前の持つ力のために自らの尊厳を失ったのである。」

カーディー・アブー・フサイン・ブン・アフマド・バイハキーはムハンマド・ブン・ハーズ

ィムの詩を私の前で詠った。

二切れの布からなる粗末な服を身にまとい
昼夜その服をたたむことは
他人に媚びへつらい　恥のあまり目を閉じることよりも良い
私は多くの家族を持ち財産は少なく借金は多いが
我が主（アッラー）の糧で事足りる
私に必要なのはアッラーだけである

フトゥーワとは、**喜んで同胞と会うことである。**
イスマーイール・ブン・アブー・ウマイヤ曰く、「同胞に会うことは自分にとって些細なことであっても多くの恵みを得るだろう。」またイブン・ムバーラク曰く、「同胞に会うことは信仰を強め、病を癒すであろう。」またスフヤーン・サウリー曰く、「この現世に残された悦びとは同胞と会うことのみである。」

フトゥーワとは、**求められる前に善行を為すことである。**
サイード・ブン・アース曰く、「最善の行為とは、求められる前に善行を為すことである。もしある者がお前が助けてくれるかどうかを知らずに顔を赤くしながら訪れたなら、その者に全財産を差し出したとしても、その者が必要としていたものには及ばない。」
クーファのアブー・ザッル・ムンズィーリー・ワッラークが詠んだ詩の通り、
アッラーは（アッラー以外で）必要だと望まれた者の手から請われて得られたものを呪われる
フトゥーワとは、**困っている同胞を助けることである。**
スフヤーン・サウリー曰く、「助けることができるのに困窮する同胞を見捨てるような行いは高貴な徳行とは程遠い。」
またファドル・ブン・ラビーゥにマアムーン曰く、「困窮する友を喜んで助けなさい。いつ運命や星の動きが変わり、寿命が訪れるかなど分からない。それまで順境のままで幸運が続いているとは限らないのだから。」

フトゥーワとは、**貧者に優しく接し、高貴な者は敬遠することである。**
アアマシュ曰く、「預言者イブラーヒームは弱き者が彼の許を訪れれば受け入れ、高貴な者が訪れれば敬遠していた。」

フトゥーワとは、**侮辱や中傷に対し、寛容であることである。**
アブー・バクル・ムフィードが伝えて曰く、「ある男が息子に『我が息子よ、お前をバカにする者に対して寛容であり、中傷する者を赦しなさい。いつも和解してその場を去りなさい。そうすれば友とはより近くなり、敵はお前にしたことを恥じるだろう。』」

フトゥーワとは、**友を見捨てず愛を持ち続けることである。**私はアブー・サフル・ブン・スレイマーンからアフマド・ブン・ヤフヤーが詠んだ詩を伝え聞いた。

別の場所では私を友と呼びながら、飽きたような顔をして会いに来るような者は友とは呼べない
友とはいついかなるときも絆を捨てず、秘密を守る者である

またバグダードのアブルファトフ・カウワース・ザーヒド曰く、「理由もなく同胞を厭う者は、利用するために親しくしているだけである。」

フトゥーワとは、**宗教（イスラーム）的事柄においても現世的事柄においても高い志を持つことである。**私はムハンマド・ブン・アブドゥッラー・ラーズィーからジュナイドの以下の言葉を伝え聞いた。

「人間の価値はその志の高さによって決まる。もし彼の志が現世的なものであるならば、彼にはいかなる価値もない。もし彼の志が来世を求めるものであるならば、彼の価値は天と地の間の広さがある天国である。もし彼の志がアッラーのご満悦ならば、彼の価値は天と地の間にあってアッラーのご満悦自体に他ならない。祝福されし至高なるアッラー曰く、『アッラーからの御満悦はさらに大きい。』（クルアーン９：72）」

またアブー・タイイブ・シーラーズィー曰く、「アブー・バクル・タムスターニーと別れる際に彼に助言を請うたところ、『志、志だ』と答えた。」

さらにアブー・アリー・ジャアファリー・バスリーはイスマーイール・イブン・アッバードが彼自身について編んだ詩を私に詠ってくれた。

なぜ、あなたは憂いに取り憑かれているのか。あなたは人々の間で従われる者であるのに
私は言った。私を憂鬱の中に放っておいてくれ。憂いは志の大きさに比例するのだから

また私はアブー・アフマド・ヒッリーからアブー・アリー・サカフィーの以下の言葉を伝え聞いた。「高い志を持て。なぜなら欲望ではなく、志こそが全てを動かすのだ。」

そしてアブー・アリー・サカフィーは以下の詩を詠んだ。

肉体が決して背負えないものをお前は心に背負わせているのだ。肉体が決して背負えないものを心は背負えるのだ

フトゥーワとは、**以下の五つのことをいずれも欠かすことなく守ることである。人々の安寧、弱者を守ること、誠実であること、忍耐強くあること、正しき同胞と共にあること、心を正すこと。このうちどれか一つでも欠ければ確信の道は閉ざされる。**また叡智の徒はこうも言う。「以下の六つの特徴を備える者がいれば、その者はフトゥーワの徒である。即ち、アッラーからの恵みが少なくともそれに感謝すること、苦しみが多くとも耐え忍ぶこと、無知な者にも優しくあること、ケチな者に寛容さを教え、人々の称賛を求めて善行を積んだりせず、人々の非難されることを畏れて悪行を慎まないことである。」またヤフヤー・ブン・ムアーズ曰く、「フトゥーワとは、**心の清らかさ、大らかさ、アッラーへの忠義、慎み深さである。**」

アブー・ハサン・ブン・サムウーン曰く、「フトゥーワとは、**大っぴらにしたら自分の名誉を汚すような行いを隠れて行わないことである。**」またアブー・フサイン・マーリキー曰く、「フトゥーワとは、**性格の良さ、心の清らかさである。**」アブー・ウマル・ディマシュキー曰く、「フトゥーワとは、**他人に対しては彼らの良い面を見て満足し、自分に対しては悪い面を見て己に満足しないことである。また目上の者、目下の者、同等の者の権利を平等に尊重し、同胞が過ちを犯したり嘘をついたからといって遠ざけたりしないことである。なぜならもし同胞を愛するならば、彼の反抗は誠実をもって、彼の離反は接近をもって返さなければならないからである。怒りは感じもせず、表しもしない。もしこのような境地に立っていないのならば、その愛は現世的利益に突き動かされているに過ぎない。**」

アブー・サイード・ラーズィーは我々にイブン・アンバーリーの以下の詩を詠み伝えた。

私は全ての罪びとを赦そう
彼らがどれだけの罪を重ねていたとしても

人間には三種類ある。高貴な者、劣った者、同等な者である
私より目上の者の能力を知っている。私には真理が、真理こそが必要だ
私と同等の者については、彼が間違い、過ちを犯せば私は長所を評価することが勝ること
を知っている
私より下の人間については、「私は彼の言葉で私の名誉を守れた」と彼が言ってくれる。
たとえ他人がそれを責めようとも

フトゥーワとは、**愛には同等のものを捧げることである。愛の対価は愛である。**アブー・バクル・ムフィードからイブン・ムバーラクの以下の言葉を伝え聞いた。「清らかな愛を示してくれた者には誠実な愛と従順を返しなさい。」

フトゥーワとは、**いかなるときも同胞を思いやることである。**

ジュナイド――彼にアッラーの慈悲があらんことを――は人への思いやりについて問われ以下のように答えた。「彼らが求めるものを与えなさい。彼らが担えない重荷を課してはいけません。彼らがわからないことを話してはいけません。」ジュナイドの周りにいた者の一人が、彼の同胞への思いやりとはどのようなものかを問い、彼はこう答えた。「もしハエが同胞の顔にとまろうものなら、私はその感覚を感じるだろう。」そして以下の詩を編んだ。

私はあなたの歩く地面に嫉妬する。ああ、もしかわりに生きている間中、私の頬を踏みつけてくれたなら！

ルワイムは思いやりとは何かについて問われこう答えた。「同胞よ、私は同胞が感じる悦び以外に感じる悦びなどない。また同胞の悲しみ以外に私を悲しませるものなどない。」

フトゥーワの徒の一人が、愛と思いやりについて問われこう答えた。「私は同胞を見るとき、私の目に嫉妬する。ああ、なぜ私の四肢全てが彼らを見る目でないのだろう！　また同胞の言葉を聞くとき、私は私の耳に嫉妬する。ああ、なぜ私の四肢全てが彼らの言葉を聞く耳でないのだろう！　ある夜、ヒドル（モーセを導いたとされる伝説的聖者）が私の許に現れ歌を歌った。

そのとき、私の四肢が（彼の歌を聴く）耳であったらと思ったものだ。」

導師が「私の四肢全てが耳となったと確信したとき、同胞たちへの望みとは何か？」と問い、近くにいた者が以下の詩を詠んだ。

あなたをこれほどまでに愛しているので、もし私の視線があなたに向かっていたなら目を閉じよう。
もしあなたが自分のことで思い耽っているならば、私はあなたの思考にさえ嫉妬する。
愛と嫉妬の強さから、私はあなた（の両肩に）とまっている天使にさえ嫉妬する。
もしできることなら、あなたの唇に接吻しているあなたの言葉さえも傷つけよう。

また他の者が友に対する思いやりと愛とは何かと問われこう答えた。「友が目の前にいる限り、他のなにものも見ようと思わないことである。また彼の声が聞こえる限り、他のなにものの言葉も聞こうとしないことである。」

そして彼は以下の詩を詠んだ。

できるのならば、あなた以外の全てに対して目を閉じよう。

またある者はこう言った。「同胞と離れていた日々、彼らの不在によって私は何も聞こえないほどになってしまった。何も聞こえなくなるような（愛すべき同胞の）不在を体験したことはあるか？」

フトゥーワとは、**自らに気を取られずアッラーがお前に託した者の面倒を見ることである。**アブドゥッラー・ブン・ウマルは自らが飢えながらも奴隷に食べ物を与え、着る服がなくとも奴隷には良い衣服を与え、奴隷たちにとって必要なことをいつも自分よりも優先した。アブドゥッラーはこのような行いは彼にとって最も易しいものであり、自我の悪から身を守ることができると言った。

フトゥーワとは、**あらゆる怒りを避けることである。**

ムアーウィヤ・ブン・アブー・スフヤーン曰く、「私が所有するもの、私が所有しないもののことでなぜ怒る必要がある？　もし私が持つ者（権力者）であれば、何かを正すことができる。そうであればなぜ怒る必要があるのか？　私が持たざる者であれば、私の怒りは誰も害することはできない。そうであれば怒りに囚われる必要もない。」

フトゥーワとは、**その時々にとるべき作法を守ることである。**

アブー・フサイン・ファーリスィーはジュナイドの以下の言葉を伝えている。「最も高き行いとは、その時々にとるべき作法を守ることである。そのときとるべき行いを守れば、僕《しもべ》はアッラーの定めた境界を侵さず、他のときと取り違えず、アッラー以外の者に従うこともない。」

またムハンマド・イブン・アリー・ティルミズィー曰く、「選ばれし御方（ムハンマド）以外にいかなるときも、いかなる心的状態にあっても作法を守っていた者はいない。預言者は現世について以下のように言われた。『私は自らをあなた（アッラー）にささげ、あなたに私の命運を委ね、あなたに庇護を求めます。』また預言者はこうも言われた。『私はあなたからあなたの加護を求めます。』アッラーは預言者の気品を以下のように褒め称えた。『まことにおまえは偉大な徳性の上にある。』（クルアーン68：4）」

フトゥーワとは、**同胞については彼らの善の面を見つめ、自分自身については悪の面を見て、善からは程遠いことを知ることである。**

アブー・アブドゥッラー・サジャズィー曰く、「自分の美徳に気づかない限り、お前には美徳があるのだ。自分自身に美徳があると思ったとき、お前の美徳は消える。」

私はシャー・ブン・シュジャーア・カラマーニーの以下の言葉を伝え聞いた。「有徳の者には目に見えない徳がある。もしその徳が外側から見えるようであれば、その者には徳などないのだ。同じく聖性を持つ者には目に見えない聖性がある。もしその聖性が外側から見えるようであれば、その者には聖性などないのだ。」

シャーはアブー・ハフス――両者にアッラーの御慈悲があらんことよ――に「フトゥーワとは何か」と問うた。アブー・ハフスは以下のように答えた。「良き性格を身につけ、振る舞うことである。」

フトゥーワとは、**同胞に外面においても内面においても、遠く離れていても近くにいても誠実に接することである。**

私はハーキム・アブー・アフマド・ハーフィズから以下の話を伝え聞いた。

「賢者のうちのある者が言った『フトゥーワの民に求められる同胞精神とは、純粋に心から同胞を愛すること、舌をもって同胞を教導すること、経済的に助けること、礼節をもって同胞を正すこと、同胞について陰口を叩かないことである。』」

フトゥーワとは、**宗教において自分より上の者と、現世において自分より下の者と共に生きることである。**

ウスマーン・ブン・ハキーム曰く、「宗教においてお前より上の者（より敬虔な者、イスラームについて知識のある者）、現世においてお前より（地位や経済力において）下の者と共にいなさい。なぜならお前より立場の上の者と共にいることは、崇拝行為を行う上で自我の増大を防いでくれる。現世においてお前より下の者と共にいれば、アッラーの恵みにより気づくことができる。」

またダーウード・ターイー曰く、「アッラーを畏れる者と共にいなさい。彼らは現世で生きる者のなかで最も援助し、支えてくれる。」

フトゥーワとは、**どんなときも主（アッラー）を信頼することである。**

スフヤーン・ブン・ウヤイナ曰く、「アブー・ハーズィムは己の財産とは何かと問われ、以下のように答えた『私には二つの財産がある。アッラーへの信頼と、他人の持ち物に対する無欲さである。』」

フトゥーワとは、**親戚に対する情よりも深い情をもって同胞に接することである。**

私はフサイン・ブン・ヤフヤー・シャーフィイーがジャアファル・ブン・ムハンマド・サーディクについて以下のように語っているのを聞いた。

「自分のことのように同胞を大切にできない者は、同胞精神を持っているとは言えない。至高なるアッラーが啓典の中で、最後の審判の日には息子は父親を、兄弟は己が兄弟を見捨てると仰っているのを知らないのか。そして（アッラーは）そのような状況の中での友人への情を以下のように仰っている。「それでわれらには執り成してくれる者などいない」（クルアーン26：100）。「また近しい友もいない」。（クルアーン26：101）」

フトゥーワとは、**外面においても内面においても四肢の作法を守ることである。**

アブー・ハサン・ブシャンジーはフトゥーワとは何かについて問われ、以下のように答えた。

「高貴な記録者たち（人間の行為を書き留める天使）がそれについて（書いたら）お前が恥じ入るようなことを行わないことである。」

またフザイファ・マルアシー曰く、「フトゥーワとは以下の四つ、即ち目と舌、心、欲望を罪から守ることである。目は赦されてはいないものを見ず、舌は正しいことを真理以外は口にせず、心にムスリム（人間）に対して不正を働いたり嫉妬を抱いたりせず、悪しき欲望を抱かないように努めなければならない。」

フトゥーワとは、アブー・フサイン・ブン・サムウーンが答えた通りである。曰く、「**争うことを避け、公平に接し、他人のつまずきをあげつらったりせず、自らの恥ずべき部分を正し、批判を受け入れ、苦難に耐え、自己を常に省み、子供にも大人にも明るく接し、善行に勤しみ、人々に助言し、人々からの助言を受け入れ、友を愛し、敵とうまくやっていくことである。これらはフトゥーワの奥義を理解するまでに知っておくべきフトゥーワの外面である。**」

フトゥーワとは、**心の中で思っていることと外面上の行いが同じであるように努めることである。**アブー・ドゥジャーナはズン・ヌーン・ミスリーの以下の言葉を伝えている。「もし公でやったとしたら恥ずかしい行いを裏でやっているような者はつまらない、甲斐性なしである。」

フトゥーワとは、**心を宇宙と、その中にあるものから解放することである。**

アブー・アッタース・ブン・アターゥ曰く、「心を現世や被造物、自分自身から解放できない者がどうしてかの主（アッラー）唯独りに向き合うことなどできようか？　心をかの御方（アッラー）以外のあらゆるものから解放し、かの御方唯独りと寄り添う者には（アッラーと人間を隔てる）ヴェールがあげられ、かの主が喜ばれる者とお怒りになる者の違いを知るようになる。」

フトゥーワとは、**主（アッラー）唯独りを畏れることである。**

先祖のうちのある者が賢人の一人に「なぜ土地でも買って、家族や子供たちに残せるようにしないのですか」と問うた。すると賢人は以下のように答えた。「それは良い助言ではない。土地を私自身のために我が主（アッラー）に託すことはあっても、私は我が主を家族と子供たちに相続させる。」

フトゥーワとは、**親族や隣人とのつきあいよりも同胞とのつきあいを優先させることである。**

ビシュル・ブン・ムーサーは以下のような詩を詠んでいる。

私は我が母の息子よりも同胞に心を傾ける
たとえ私は自由だと思ったとしても、私は同胞の僕《しもべ》なのだ
私は私の善行と恵みを区別するが、私の財産と権利は一つの場所に集める

フトゥーワとは、**同胞を厚く遇することである。**

それはアブー・ムハンマド・ジャリーリーが伝えた通りである。曰く、「イブン・マスルーク師が我々を彼の家に招待した。途中で我々は友人に出くわし、彼にマスルーク師から招待されたことを伝え家までの道を尋ねた。友人は『私は招待されていないのに行っても大丈夫だろうか』と渋ったので、我々は『同胞よ、躊躇することはない』と言い、彼は我々についていくことになった。師の家に着いたとき、彼にいきさつを伝えると、師は『お前の心の中における私の居場所は、私が招待しなくとも自由に家に訪ねてもよいような関係を築いているほどだと思っていた。お前が座る場所にたどり着く前にまず私の頰を踏みなさい。』

我々は説得したが、師は誓いを立てて譲らなかった。我々は外套を地面に敷き、師をそこに寝させ、友人を抱えてその上を歩かせ座る場所へと運んだ。」

フトゥーワとは、**友人に対して忍耐強くあり、つきあう友人を容易く変えないことである。**

預言者ダーウードは息子スライマーンに以下のように言ったと伝えられている。

「古い友人とのつきあいをやめ、有益な友人に乗り換えてはならない。なぜなら、自分の利益に応じて友人を変えることは、アッラーの恵みを受け取らないことと同じだからである。敵は一人でも多すぎ、友人は千人いても足りないのだから。」

フトゥーワとは、**アッラーの運命に忍耐強く向きあうことである。**

男たちが賢人に不平を漏らしていると、賢人が彼に「同胞よ、至高なるアッラー以外に運命の管理者を望むというのか？」と問うた。男のうちの一人が「アッラーの自分に対する取りはからいに耐えられない者は、自分の自分自身に対する取りはからいに耐えられるわけがない。」

ワースィティー曰く、「自分自身と他のあらゆるものがアッラーの所有物であることを知った者は、アッラーによってあらゆるものから解放される。」

またアブー・アッバース・ディナワリー曰く、「自分自身の力だけで生きる者は、最期に必ず後悔するであろう。アッラーの運命を受け入れ満足する者は、生涯の始めから終わりまで感謝のうちに過ごすだろう。」

フトゥーワとは、**年上が年下を家に招いたり、傍にいたりするときには、つまらないプライドを捨て年下に尽くすことである。**

バグダードのアリー・ブン・フサイン・ブン・ジャアファル・リダー・ハーフィズはイブン・アクサムの以下の言葉を伝えている。

「ある夜、私はカリフのマアムーンに招かれた。その夜私はのどが渇いたので、何か飲み物を探すために起き上がった。するとマアムーンが『ヤフヤーよ、寝られないのか？』とお聞きになったので私は『信徒たちの長よ、のどが渇いたのです』と答えた。マアムーンは『お前の部屋に戻りなさい』と仰り、冷室へと行き私にコップ一杯の水をもってきてくださった。そしてマアムーンは私に『客人に奉仕させることは男の恥である。知っているか？　ラシードから伝えられしハディースによれば、預言者曰く、「客人に奉仕させることは男の恥である。」』」

フトゥーワとは、**同胞や友と別れた後の生活（がどんなにむなしいものか知ることである）。**

私はフサイン・ブン・ヤフヤーからジャアファル・ブン・ムハンマドの以下の言葉を聞いた。

「ジュナイド――彼にアッラーの慈悲があらんことよ――がある日思いに耽って座っているの

を見て、『アブー・カースィム（ジュナイド）よ、何を悲しんでいるのだ』と問うと、彼曰く、『隠遁修行の中で心を失った。親しかった友を失った。彼なしでは私の体は砕かれ、心はそぞろである。』そしてジュナイドは以下の詩を詠んだ。

砂嵐の後の住処のなんと悪しきこと
彼らのいない生活のなんと悪しきこと

バグダードのハーフィズ・アリー・ブン・ウマルは、ヤズダーン・カーティブがウバイドゥッラー・ブン・アブドゥッラー・ブン・ターヒルのために編んだ詩を詠んだ。

もし自由な者の魂が手の内にあるならば、友の（去った）後にその魂も投げ捨てよう
同胞の（去った）後に生きていくこと、そのとき、それは人にとってどれほど悪いことか

また以下の詩も詠んだ。

彼らは去り、その後身体は変わった。目は彼らを見ることはない

彼らの（去った）後に私に生気があるように見えたとすれば、どの顔で私は彼らと会えばよいのか
何と私は恥じいることか。彼らと彼らの言葉「私たちがいなくなることはあなたを少しも害さない」

私はムハンマド・ブン・ハサン・ハーリディー・バグダーディーからイブン・ハーラワイヒの以下の言葉を聞いた。
「イブン・ジャリールに問うて曰く、『あなたの父がもし最期のときが友の旅立ちのときであったら私は普段しないことをするだろうと言っていたのを覚えているが、その行いとは何だったのだろう。』ジャリールは答えて曰く、『瞳を閉じ、別れの場を見ないことだ。』」

「船が来た」と誰かが言うまで、私は心の痛みがどんなものか知らなかった
私は立ち上がり、彼女は別れを告げた
風が枝を揺らすように、涙が彼女を震えさせる
涙にぬれながら彼女は言った。「ああ、あなたなんて知らなければよかった」

フトゥーワとは、**善行や援助を欠かさず行うことである。**

アリー・ウマル・ハーフィズからアブー・フザイマ・バーン・イーサーの以下の言葉を聞いた。

「信徒たちの長（カリフ）マフディー曰く、『私の手が届く範囲の者で私に援助を求めない者はいない。アッラーのため善行に励む以上に私が望むものはない。なぜなら最後に援助を断ったならば、それ以前の善行は全て無に帰するからだ。』」

フトゥーワとは、**作法を守り、教訓を得ることである。**

アブー・アブドゥッラー・ムハンマド・ブン・アッバース・アサミーはイブラーヒーム・ブン・シュクラの以下の言葉を伝えている。

「誰かと同胞の絆を結んだならば、彼が過ちや害を犯そうが、善行を行おうが悪行を行おうが、約束を守ろうが消えようが文句を言ってはならない。約束を守った際には感謝を、約束を守らず消えた際には忍耐を、良くしてくれた際には返礼を、悪行を犯した際には非難しなさい。なぜなら友を叱責することは友情を継続させるからである。『批判を公にすることは悪意を隠すことよりも良い』と言われる通りである。」

フトゥーワとは、**遠くにいても近くにいても友人との約束を守ることである。**ウマル・ブン・アルマド・ウスマーンはヤズィード・ムハッラビーが詠んだ以下の詩を伝えている。

もしあなたが我々から離れるならば、神の恵みの守りがありますように
我々のほうにやってくるならば歓待しよう
離れるときには我々があなたを忘れるかもしれないと恐れてはならない
やって来るときには我々があなたに飽いていると思ってはならない

フトゥーワとは、**同胞を非難する言葉に耳を貸さないことである。**

ユースフ・ブン・サーリフはイブン・アンバーリーが周囲の者に詠んだ以下の詩を伝えている。

私は愛する者を批判する言葉に耳を貸さない
友の欠点など一つも覚えていない
友が私のいないところで私を庇ってくれたように、私も同胞を守ろう

フトゥーワとは、**自分の善行を思い起こして教えあげたりしないことである。**
アブー・ウマル・マタルはイブン・シュブリマの以下の言葉を伝えている。
「善行は数えあげるなら、何の功徳もないのだ。」

第五章に続く、インシャーアッラー。

٥

フトゥーワ　**第五章**　恩寵のもとに

フトゥーワを実践する中で自分が感じ、受け取った全てのものにアッラーの恩寵を見出すことが求められる。最後に今まで述べたフトゥーワの徳目が列挙され、終わる。

慈悲あまねく慈悲深きアッラーの御名において

フトゥーワとは、**家にいるときであれ旅に出ているときであれ、いかなるときもアッラーのみに頼ることである。**私はアブー・カースィム・アブドゥッラー・ブン・ムハンマド・ディマシュキーが旅に出ようとしているある男にこう語っているのを聞いた。

「友よ、アッラー以外の旅の友など要らぬ。なぜなら試練にあったときにもかの御方が共にいてくだされば十分であり、かの御方は善行を必ず褒め、悪行を見逃してくださり、あなたの歩みの一歩一歩を共に歩んでくださるからである。」

フトゥーワとは、**同胞が明らさまに願い出なくとも仕草だけで察して、彼らに必要な援助をすることである。**

アブー・サフル・ブン・スレイマーン師はイブン・アラービーの以下の話を伝えている。

ウマイヤ・ブン・アブー・サルトはアブドゥッラー・ブン・ジュドアーンの許を訪れたとき、彼の許には「イナゴ」の愛称で呼ばれる二人の若者がいた。

ウマイヤはアブー・ズバイル（アブドゥッラー・ブン・ジュドアーン）に挨拶し、以下の詩を詠んだ。

私の望みを言おうか　それともお前の羞恥で十分であろうか
なぜならお前の特徴とは羞恥心だからである。
お前は権利を知っており、お前は枝であり、偉大な誇るべき家系である。
（お前の家系は）気前良く、朝も夜もその気前良さは変わらない
お前の大地は豊かで、そこの家はタミーム族が建てた。お前はその大地を覆う空である
冬は寒さを秘めているので　お前は風と気前良さを競う。
もし誰かがある日お前に感謝すれば　その者は感謝の言葉だけで十分なのだ

アブドゥッラーがウマイヤに「（若者たちのうち）望みの者を連れていきなさい」と言うと、ウマイヤは一人の手をとり、彼の部族であるクライシュ族の集会へ連れていった。するとクラ

イシュ族の人々は「ウマイヤよ、なぜ彼の許には素晴らしい二人の若者がいたというのに、すでに年をとり、その骨は弱くなった者など連れてきたのだ。彼ら二人のうちから一人連れてくればよかったというのに」と言った。

ウマイヤは後悔し、アブドゥッラーの許へ戻った。アブドゥッラーは彼（ウマイヤ）を見るなり、「語らずともよい。お前が私の許に来た理由を言おう」と言った。

あなたが見返りなしに与えるなら　あなたの贈り物は人の飾りとなる
与えるもの全てが飾りではない
人があなたに顔を向けることは恥ではない
懇願の中には恥となるものがあるのとは違って

フトゥーワとは、**自分自身の誇りより他者の誇りを尊重し、他者よりも腰を低く保つことである。**

ムハンマド・ブン・アブドゥッラー・ラーズィーはフサイン・ブン・アリー・クマスィーの

以下の言葉を伝えている。

「イサーム・バルヒーはハーティム・ブン・アサム――アッラーの慈悲があらんことよ――の許をある用事のために訪ね、ハーティムは彼を受け入れた。ハーティムはなぜイサームを受け入れたのか問われ、ハーティムはこう答えた。『彼を招き入れたとき、私は私の謙遜と彼の誇りを見た。もし彼を拒んでいれば、私の驕りと彼の卑下を見出したであろう。私は私の誇りよりも彼の誇りを、彼の卑下よりも私の卑下を選んだのだ。』」

フトゥーワとは、**人に尽くしたり何かを与えたりするときには人を区別しないことである。**

アブー・アブドゥッラー・ムハンマド・ラーズィー曰く、「謙遜とは人に尽くすときには人を区別しないことである。」

フトゥーワとは、**人に何かを与えるときに特定の誰かをひいきせず、自分の行いは軽視し、**

誰かが自分にしてくれた行いは重視することである。アブー・ウスマーン・サイード・ブン・アブー・サイードはジャアファル・ブン・ムハンマド・サーディクの以下の言葉を伝えている。「アブー・バクル・カッザーズ・ミスリーは善人で知られていた。彼の許にスーフィーたちが訪れていたが、スーフィーではない者たちも来ていた。私はジャアファルに『なぜ人を区別しないのか』と聞いたところ、彼はこう答えた。『私は高貴な者でない。人を区別し過ちを犯したり、望んでいたものを失ったりすることが怖いのだ。』」

フトゥーワとは、**外面の美しい性格を備え、内面の心的状態を整えることである。**アブー・フサイン・ファーリスィーはアブー・ムハンマド・ジュライリーの以下の言葉を伝えている。「叡智の民によれば信仰には十の源がある。そのうち五つは外面、もう半分の五つは内面に関するものである。外面に関するものは、誠実な言葉、少なきに満足する心、謙遜の姿勢、他者の痛みを取り除くこと、そして躊躇せずその痛みを代わりに背負うこと。内面に関するものは、師の存在を愛すること、師との離別を畏れること、師の許に向かうことを望むこと、自らの過ちを後悔すること、アッラーの許での卑下である。」

フトゥーワとは、**フトゥーワの責務やその条件を満たしていない状態で、フトゥーワの衣を身に着けないことである。**

アブー・アブドゥッラー・サジャズィーはなぜ継ぎはぎの服（フトゥーワ及びスーフィーであることを表す服装）を着ないのかと問われ以下のように答えた。「フトゥーワの責務を担っていないのにフトゥーワの衣を着るのは偽善である。フトゥーワの責務に耐えることのできる者だけがフトゥーワの衣を着るのだ。」それではフトゥーワとは何かと問われ、サジャズィー曰く、「（フトゥーワとは）人は過ちを犯しても赦されること、自らは不完全であること、自分以外の全ては完全であり、自らは欠けたものであることを知り、そして善人であれ悪人であれ、人々全てに慈しみを持つことである。フトゥーワの完成とはアッラー以外の何物にも心奪われないことである。」

またマアルーフ・カルヒー――アッラーの慈悲があらんことよ――曰く、「フトゥーワを唱える者は以下の三つの特徴を備えよ。迷わず忠義を全うし、他者からの称賛を求めず気前よくあり、求められる前に与えることである。」

フトゥーワとは、**同胞との別離を悲しみ、彼らと共に過ごせるように生きることである。**

バグダードのアブー・ハサン・バヌー・ミクサム・ムクリーはムハンマド・イブン・ヤズィードから伝えられている以下の話を伝えている。

あるアラブ人の男は女奴隷を所有していた。そのアラブ人は彼女に魅了され、自分の財産を全て彼女につぎ込んだ。彼は友人たちにお金の工面を頼むようになった。女奴隷はそれを知ると彼に「そのようなことをせず、私を売ってください。もしアッラーが望むならば、再会の恵みにあずかれるでしょう」と言った。男は女奴隷をペルシャの総督ウマル・ブン・アビードッラー・ブン・ムアンマルの許へ連れて行った。男が女奴隷をウマルに見せると、ウマルは彼女をたいそう気に入りいくらで購入できるか聞いた。男は「十万ディルハムです。しかし、彼女の価値はそれ以上です」と言った。ウマルは女奴隷を買い取った。男が金を受け取り去ろうとしたとき、女奴隷は以下の詩を詠んだ。

あなたが受け取ったそのお金が良いものでありますように
私にはあなたとの思い出だけが残されます
私の目頭が熱くなるとき、私は独りつぶやくのです。
泣かなかろうが、泣きわめこうが
心の耐えがたい痛みに戻るべきか、もの思いにふけるべきか

男は女奴隷を見て泣き、以下の詩を編んだ。

もしこれが運命の圧政でないならば
死だけが我々を引き離そう
私はあなたとの別離という痛みから離れ、あなたの別れについて独りもの思いにふけよう
さようなら。我々が再び会いまみえることはないだろう
イブン・ムアンマルが望む以外には

ウマルは「もし望むならば彼女と金を連れて行くがよい」と言った。男は女奴隷と金を持ち喜びながら去っていった。ウマル・ブン・アビードッラー・ブン・ムアンマルは「アッラーに

誓って、十万ディルハムで（女奴隷を）買い取ることは誉れ高き行いではない。それより良いのは、二人の愛しあう者たちを結びつけ別離の悲しみから救うことである。」

フトゥーワとは、**請われる前に与えることである。**

何かを請われてから与えることは、請うた者の恥ずかしさの埋め合わせでしかない。本当に気前のよい人間は、同胞に恥をかかせない。

アブー・アブドゥッラー・ブン・バッタはアビードゥッラー・ブン・アッバースが甥に語った助言を伝えている。

「最良の贈り物とは、請われる前に与えたものである。請われてから与えたものは、（請うた者に）恥をかかせた埋め合わせでしかない。」

そして以下の詩を詠んだ。

恥ずかしい思いで何かを請うた者は

たとえ富のある者がその望むものを与えたとしても償いにはならない
なぜなら請うたことで与えられたものは
請うた行為を重くし、与えられたものを軽くするからだ

そしてさらに以下の詩を詠んだ。

お前の手にある水は、気前がよかろうがケチであろうが
私が代わりに失った私の顔の水（面目）と同じではない

フトゥーワとは、**良い性格を備えること。それは即ち、どんな状態においてもアッラーの恵みを見出すことである。**

アリー・ブン・ムハンマド・カズウィーニーはアブー・ヤズィードの以下の言葉を伝えている。

「誰かがあなたを酷く扱っても、あなたがその者に良い態度で接すれば生活は改善する。もし

恵みにあずかればアッラーに感謝しなさい。なぜならかの御方は（他人の心を）お前に向けさせてくださるからである。もし苦難に遭えば耐えなさい。なぜなら忍耐によって魂が失われることはないからだ。」

フトゥーワとは、**アッラーからの恵みをそれに値する人に与えようと努力することである。**

アブー・アブドゥッラー・ブン・バッタ・ウクバリーはフルカ・ビント・ヌウマーン・ブン・ムンズィルがサアド・ブン・アブー・ワッカースに語った以下の言葉を伝えている。

「アッラーがお前に害をなすような者からお守りくださいますように、また善い人を傷つけてしまうことからお守りくださいますように。恵みを自由な者たちの首にしっかりと結びつけ、お前によって恵みが消えてしまうことのないようにしてください。またお前を、恵みを拒絶する原因とし、恵みを他者から消してしまうことのないようにしてください。」

フトゥーワとは、**同胞や友人に自身の財産を分け与えることである。**ムアーファー・ザカリーヤー・カーディー・ジュライリーはヤフヤー・ブン・アブー・ハフサの祖父が詠んだ詩を伝えている。

なぜお前の富は少なく、お前以外の者の富は増えるのかと言う者がいる
私は言う。他の者とは違い、私は己の財産に対してより気前がよくなっているのだ

フトゥーワとは、**敵を作らないようにすることである。なぜなら敵対には腐敗があるからだ。**ムハンマド・ブン・アブドゥルワーヒド・ラーズィーはサーリフ・ブン・ハムザの以下の助言を伝えている。

「人々の敵意に気をつけなさい。気高き者の策と無知な者の敵意があなたを滅ぼすことはないのだから真の勝利者とは善によって勝つ者であり、真の敗北者とは悪によって勝つ者である。それ故悪があなたから離れるように悪から離れなさい」

フトゥーワとは、**悪い言葉を聞かないように耳をふさぎ、悪口を語らないように口を噤むことである。**

ムハンマド・ブン・ウマル・ブン・マルズバーンは以下の詩を詠んだ。

お前の耳を悪しき言葉が聞こえないようにふさぎなさい
悪しき言葉を話さないために口を噤むように
もし悪口を聞いているならば　お前は悪口を言っている者と同類であることを心得よ
強欲に惑わされた求道者のいかに多いことか
求めるものの幻にさまよう
終着点に至る前に死が彼らをつかむのだ

フトゥーワとは、**己の財産を分け与えるように、己の名誉も投げ捨てることである。**

ムハンマド・ブン・ウマル・ブン・マルズバーンは以下の詩を詠んだ。

私をあなたに捧げよう
私を顧みて下さい
あなたが先に請うことで　私を低めて下さい
その方の名誉によって私を大きくさせてください
あなたの財産によって私と私の名誉を大きくしてくれたように

フトゥーワとは、**悪い性格を取り除き、良い性格を備えることである。**

悪い性格を備えていれば、本当に生活を送っているとは言えない
彼の視野や歩みの道は狭い
性格の悪い者になど誰も感謝しない
性格の良い者には誰もが感謝するが

フトゥーワとは、**隣人とのつきあいを守ることである。**

アッラーの使徒曰く、「天使ジブリールは隣人を相続人にするのではと思えるほどに隣人の顧慮を私に勧めた。」

アブー・アブドゥッラー・ブン・バッタはハサン・バスリーの以下の言葉を伝えている。

「良い隣人づきあいとは、隣人の重荷となるのではなく、隣人が迷惑をかけてきたときに耐えることである。」

フトゥーワとは、**頼みを快く引き受けることである。**

アブドゥルワーヒド・ブン・アフマド・ハーシミーはイブン・ドゥライドの以下の詩を伝えている。

頼みごとに気分を害してはならない
頼みごとを言われる者となることがお前の幸福である

求める者を何も持たせず追い返してはならない
求められる者となったときお前の尊厳は永続するのだ

フトゥーワとは、**害には害をもって応えたりせず同胞愛を保つことである。**

アブー・アブドゥッラー・ブン・ムハンマド・ブン・アブドゥッラフマーンはアブー・アッブドゥッラー・ジュハニーの以下の言葉を伝えている。

「慈愛のなかでは同胞愛はまっさらに新しくされ、敵意による復讐は捨てられる。」

フトゥーワとは、イブン・アアラービーが他のベドウィンにフトゥーワとは何かと問われて言ったように、「**食べ物を振舞い、微笑を絶やさず、慎しく控え目で、傷つけられても仕返しをしないことである。**」

フトゥーワとは、**貧しくとも気前良く振る舞うことである。**
ムハンマド・ターヒル・ワズィーリーは以下の詩を詠んだ。

フトゥーワの徒は財産全てを捨てようと男らしさは捨てない
私は請われる前に与えよう　頼みごとをする苦痛をお前に味わわせない

フトゥーワとは、**危害を加えた人間を赦すことである。**
アフマド・ミスリーはマンスールに詠った。

私はあらゆる大罪を犯したが
お前は私の罪より大きい
まず私を赦してくれ　そしてお前の優しさとで赦してくれ
私が優しい者とならなくともお前がなってくれ

フトゥーワとは、**男らしさ（ムルーワ）の条件を守ることである。**ザーフィル・ブン・スライマーンが言った。「男らしさを究めた者とは、宗教の教えを守り、親戚づきあいを疎かにせず、自分の財産を活用し、同胞に気前良く接し、その家で午睡をとる者である」

フトゥーワとは、**貧しさにあえいでいるときや苦難のなかにあるときも、友との約束は守ることである。**

アブー・サーリムはアリー・ブン・イーサンに生涯尽くしたが、（アリーが）大臣になると、（アリーは）彼（アブー・サーリム）に目をかけてやるべきだったのにそうしなかった。そこで（アブー・サーリム）は彼（アリー）に以下のように書き送った。

私は生涯を通じてあなたに大臣になってほしいと望んだ
そしてこの望みが叶ったとき　私がやって来たときは誰も話せなくなることを望まない
私はもはや死を望む　このような生活は既に死である。

そしてアリー・ブン・ハムダーンはイブラーヒーム・ブン・アッバースに以下の詩を詠んだ。

あなたは常に兄弟であった
時が変わり　お前は論敵となってしまった
いまはあなたに安らぎを望む
かつて私はあなたに愚痴を聞いてもらっていた
私はかつてあなたに時世を託《かこ》った。今は、あなたのおかげで時世を寿《ことほ》ぐ

フトゥーワとは、**全ての人々に気前良く振る舞うことである。**
アブー・ハサン・ブン・ムクスィム曰く、「ヤフヤー・ブン・ハーリド・バグダーディーは彼の息子に以下のように助言した。『全ての人間に気前良くありなさい。なぜなら人々に気前良くあることは自分自身に気前良くあることだからだ。』」

フトゥーワとは、**その土地に住む人々の権利を尊重するために、その土地の約束事を守ることである。**

アブー・ファドル・スクリーはアブー・アムル・ムハンマド・ブン・イスマーイールの以下の話を伝えている。

ある女性がスフヤーン・ブン・アースィムの城を訪れたと聞いた。その女性は城に使われている土を取り、壁に詩を書いた。

恋い焦がれる者にとって愛する者がかつて居た家並みが廃墟となっているのを見るだけでも十分悲しい

昼から夜までそこに暮らそうと彼は見ることなく

子供の世話を任せられた慈しみ深い者は手間がかかればかかるほど愛しさが増すのである

愛《いとお》しむこともできない　かつてはそこにずっとあったというのに

フトゥーワとは、**友を裏切ることを避け、誠実に愛することである。**

アブー・ムファッダル・シャイバーニーはスフヤーン・ブン・ウヤイナの以下の言葉を伝えている。

「（フトゥーワの徒は）決して裏切らないため同胞と呼ばれ、真の友情で結ばれているため友と呼ばれるのだ。」

フトゥーワとは、**友を愛していることを知ったならば、決して悪口を言わないことである。**

ムハンマド・ブン・アフマド・ブン・タウバ・マルワズィー曰く、「もしある者をお前が本当に愛するようになれば、その者の悪行はお前にとっては全て赦されるものとなる。もしある者を本当に憎むようになったら、その者の善行は全て受け入れられないものとなる。」

アッラーがお前を庇護し給いますように。

フトゥーワの基盤とは、**宗教（イスラーム）をよく守ること。スンナに従うこと。アッラー**

が預言者（ムハンマド）に命じたことに従うこと。

また預言者がマッカに入場された際に曰く、「人々よ、お互いに平安の挨拶を交わしなさい。食べ物を分けあいなさい。隣人を訪ねなさい。人々が寝ている夜を礼拝して過ごしなさい。平安をもって天国に入りなさい。アッラーがあなた方に命じたように、同胞として神の僕《しもべ》となりなさい。」

フトゥーワの**義務**とは、誠実さ、忠義、気前良さ、性格の良さ、柔和さ、同胞に優しくあること、友人たちと共に過ごすこと、悪口を聞かないこと、善行を望むこと、良き隣人であること、柔らかな語り口を心がけること、約束に誠実であること、アッラーがお前に託したところの人々と奴隷をやさしく扱うこと、子供たちを教育すること、年長者を模範とすること、憎しみや計略、憎悪を避けること、アッラーのために愛し、アッラーのために憎むこと、己の財産や地位を用いて同胞を支えること、見返りを求めないこと。

客人に奉仕すること、愛をもって客人に与え、食べ物を差し出すこと、己や己の財産をもって同胞の必要なものを与えること、危害には善行をもって応えること、離れた同胞とも繋がりを持つこと、謙虚さを持つこと、傲慢さを避けること、自惚れないこと、両親に孝行すること、親族との絆を大切にすること、同胞のあら探しをしないこと、同胞の悪行を隠すこと、皆から離れた場所で同胞に助言をすること、いつでも同胞のために祈ること、人々の過ちを赦すこと、己の中に悪や虚偽を見出したなら反省すること、人々と交流し、ムスリムたちを慈しみ、優しくし、至善を尽くすこと、貧者に慈悲の情を持ち、裕福な者にも同情すること、イスラーム学者を敬い、聞いたもののうち真実を受け入れること、嘘や陰口から舌を守ること、過ちから耳を守ること、禁じられたものから目を背けること、誠実に行動すること、正しい心を持つこと、外面の行為に目を向け、内面の心の状態を内省すること、被造物に善を見出すこと、良き人々と共にいること、悪い人々を避けること、現世から背を向け、至高なるアッラーへと接近すること、欲望を捨て、汚れのない志を持ち、貧者と共にいることに誇りを持ち、裕福な者をその富がゆえに尊敬することを避けること、悪しきものに耐え、裏切りを避けること、秘密を守り、人と集まり座るときは低い場所に座ること、自らの権利を捨て、他者の権利を守ること、一人でいるときにもアッラーの禁じたことを守ること、同胞とよく相談しあうこと、アッラーのみを信頼すること、高望みをしないこと、満ち足り誇り高くあること、正しい人々を知ること、人の過ちに寛容であること、他者に不快な思いをさせないこと、罪人に慈しみを持つこと、何人も傷つけないように努力すること、外面においても内面においても（アッラーに）背かないこと、友の友人には友人であり、友人の敵には敵であること、どれだけ離れていようと、友と共にあること。

これがフトゥーワの道に関連する事柄とその徳目である。アッラーよ、我々に善き性格を身につけさせ給え、フトゥーワの道を実践する恵みを与え給え、我々が与えられた時を浪費し、（あるべき）我々の状態を見過ごさないように守り給え。我々をアッラーとその宗教（イスラーム）に近づけさせるものに導き給え。アッラーこそ我々の最も近くにおわす御方、願いを必ずかなえ給う御方。

称賛は諸世界の主アッラーに属す。使徒たちの長、我々の指導者ムハンマド様と清らかにして正しきそのご家族にアッラーの永続の祝福あれ。

解説

『フトゥーワ』とは何か？

山本直輝

1　スーフィズムと道徳

スーフィズムは世界的に高名な稀代の碩学井筒俊彦によって紹介されたこともあり、日本でもある程度認知されているが、そこで語られるスーフィズムは日本の禅思想にも通じる深遠な哲学体系、神秘主義であることが多い。

現代のスーフィズム研究者東長靖は欧米語で「スーフィズム」と訳されるイスラーム世界の「タサウウフ」には、神秘主義、道徳、民間信仰の三極があるという。

スーフィズムは、大神学者ガザーリー（一一一一年没）の大著『宗教諸学の再生』によって、正統イスラーム学に統合された、と言われる。ガザーリーによってイスラーム学に組み込まれたスーフィズムははジュナイド（九一〇年没）らシャリーア（イスラーム天啓法）を遵守する「醒めたスーフィー」の系譜をひくものであり、今日のアラブ世界では法学（イルム・フィクフ）と並んで倫理学（イルム・アフラーク）として教えられており、その内容は法学が扱う行為の外面的形式ではなく、行為の内面の心のあり方を問う道徳である。

スラミーにはスーフィズムについての簡潔な入門書『スーフィズムについての序論（al-Muqaddimah fi al-Taṣawwuf）』（Beirut, 1999, Dar al-Jil）がある。同書の中でスラミーは、スーフィズムの要件として、「現世における禁欲、念神（ズィクル）と崇拝の励行、人々に依存しないこと、わずかな飲食や衣服で満足すること、貧しい者たちの世話、煩悩の滅却、勤行（ムジャーハダ）、謙抑（ワラウ）、常に志を高くもつこと、最小限しか食べず必要なことだけを話し睡魔に襲われたときだけ眠ること、自己反省、被造物（人間）から遠ざかり疎遠になること、導師たち（マシャーイフ）の拝顔、モスクで時間を過ごすこと、粗衣の着用」を挙げる（七二頁）。

スーフィズムとは被造物への欲望をコントロールし、心を創造主に集中するための技法である。しかし、聖俗を分けず修道院制度を有さないイスラームにおいては、心を神に向ける技法は、モスクに籠って神を念ずるような狭義の宗教儀礼だけに限られるものではない。このスラミーの纏めからも明らかなように、スーフィズムの考察の大部分は「俗世界」での衣食住のような日常行為や人間関係のあり方、人に接するときの心の持ち様に関わっているのである。

またスラミーは同書に「高徳（マカーリム・アフラーク）」章を設け、スーフィズムの一部として道徳を論じている。同章の冒頭では預言者ムハンマドのハディースが引用され、道徳を

「自分に不正をはたらいた者を赦し、自分に与えてくれなかった者に贈り与え、縁を切ってきた相手と縁を結びなおし、自分に無関心な者からは遠ざかり、自分を傷つけた者には善意で接すること」と纏めている（六一頁）。これは道徳はスーフィズムの中でも一義的には対人関係における心の持ち方を主題とすることを示している。しかしスラミーは同章を「稼業も労働も人間の糧を増すことはなく、それをしなくとも糧が減ることはないと知れ。なぜならば糧は神の御心によって与えられるのであり、人間の望みによるのではないからである」の言葉で結んでおり、スーフィズムにおける道徳が、たとえ俗事を論じているかに見えても、あくまでも神だけに定位していることを示している。

以下に詳しく述べるように、「フトゥーワ」とは、ムスリム社会において理想とされる気高い生き方である。高名なスーフィーでもあったスラミーの『フトゥーワ』は、スーフィズムから社会の道徳の在り方を論じたものであり、家族、友人、仕事仲間などとのつきあい方などの身近な話題が多い。それゆえここに訳出する『フトゥーワ』は、神への信仰をムスリムと共有しない日本の読者にも理解しやすく、また実際にムスリム社会に暮らすことになったり、日本を訪れたムスリムたちと接することになった際に、彼らの振る舞いを理解し、適切に対応するためにも役に立つものになると訳者は信じている。

2　スーフィズムとムスリム社会

現代のムスリム社会を訪れ、人々に「スーフィズムとは何か」と問うと、深遠で難解な哲学思想とは別のスーフィズムの一面を知ることができる。

あるとき、スーフィズムについて造詣が深い人に尋ねると、以下のように説明してくれた。「日常の生活でいかに『アッラーの僕《しもべ》』として『より良く』生きるか。間違いを犯した自分を省み、いかにして神が敷いた正しい道に戻り、その道を歩むか。そうしたことをスーフィズムは教えてくれる。」

スーフィズムとは多くのムスリムにとって、単なる頭の中の思想ではなく、日常のあらゆる場面で行われる実践的なもの、「日常道徳の教え」なのではないか。

筆者はトルコに留学していたとき、本書に序文を寄せてくださったレジェプ・シェンチュルク先生と知りあったが、先生は、スーフィズムとは「フトゥーワ」であると説明してくれた。レジェプ先生は米国コロンビア大学社会学部でハディースの伝承をテーマに博士号をとった宗教社会学者であるが、オスマン帝国の生き残りのイスラーム学者たちから学統を受け継ぐイスラーム学者でもあり、当時は新設のスルタン・アフメト・ファーティフ大学の文明間同盟研究所の所長の傍らイスラーム学徒の養成機関ＩＳＡＲ（イスタンブール研究教育基金）の理事も務めていた。筆者は留学中このＩＳＡＲの寮でイスラーム学徒たちの生活に接する機会があったが、レジェプ先生はトルコのマドラサ（イスラーム神学校）復興運動の牽引者の一人であり、ＩＳＡＲはフトゥーワの精神に基づいて運営されていた。筆者はＩＳＡＲでの生活を通じて、フトゥーワが今もムスリム社会に息づいていることを実感することができた。

しかしイスラーム自体が馴染みが薄い日本にあっては、フトゥーワは全く知られていないと言ってよい。そこでここではイスラーム思想、特にスーフィズムの中にフトゥーワを位置付けた最初のイスラーム学者にしてスーフィーであるアブー・アブドゥッラフマーン・スラミーの『フトゥーワ』を紹介したい。

3　著者スラミーの生涯と業績

アブー・アブドゥッラフマーン・スラミーは、九三七年イランのニーシャープールに生まれ、同地で一〇二一年に没した高名なハディース学者である。

彼はまた多くの弟子を育てたが、中でも有名なのは同じニーシャープール出身のアブドゥルカリーム・クシャイリー（一〇七二／三年没）である。クシャイリーはスラミーのスタイルを継承しつつ、『クシャイリーの書簡』というスーフィズムの著作を残し、学問としてのスーフィズムの成立に大きな影響を与えることとなる。

その多くは散逸しているが、およそ百点の作品を残した多作な著述家としても知られている。

代表作は後のスーフィーの伝記の先駆となった『スーフィー列伝（Ṭabaqāt al-Ṣūfiyah）』、クルアーン注釈『クルアーン注釈の真義（Ḥaqā'iq al-Taṣawwuf）』である。

本書で訳出した『フトゥーワ』は彼が残した数多くのスーフィズム関連の著作の一つであるが、彼の多くの作品の中でも特に『フトゥーワ』は英語、フランス語、イタリア語、トルコ語など多くの言語に翻訳されている。英語版はオスマン朝末期に生まれ、アメリカでイスラームの普及に努めたトルコ人のスーフィー導師トスン・バイラクが手がけているが、文体からおそらくトルコ語訳からの重訳と思われる。

スラミーの作品の校訂・翻訳がなされているのは主にクルアーン注釈、ハディース集成、スーフィズム、フトゥーワに関するものであるが、どれもスーフィーの立場から初めて書かれ、イスラーム思想史上価値が高いと考えられるからである。

しかし、彼についてのモノグラフは今年（二〇一七年）になってやっと出版されるなど、まだ本格的な研究は始まったばかりである。

なお、スラミーについての主な研究書・翻訳は以下の通りである。

1．G. Böwering, The Quran Commentary of al-Sulamī, in W.B. Hallaq and D.P. Little (eds.), *Islamic studies presented to Charles J. Adams*. Leiden. 1991. 41-56.

2. Frederick S. Colby. *The Subtleties of the Ascension: Early Mystical Sayings on Muhammad' s Heavenly Journey*. Louisville, Kentucky: Fons Vitae. 2006.

3. G. Böwering and Bilal Orfali (eds.). *Sufi Treaties of Abū 'Abd al-Rahmān al-Sulamī* (*d. 412/1021*). Beirut: Dar al-Mashriq. 2009.

4. Moustapha Elqabbany (tr). Sheikh Abu Abd al-Rahman al-Sulami. *40 Hadith on Sufism*. Amman: The Royal Aal Al-Bayt Institute for Islamic Thought, 2016.

5. Elena Biagi, *A Collection of Sufi Rules of Conduct*. Cambridge: The Islamic Texts Society. 2013.

6. S.Z. Chowdhury. *A Sufi Apologist of Nishapur: The Life and Thought of Abu 'Abd al-Rahman al-Sulami* (*Monograph in Arabic and Islamic Studies*), London: Equinox, 2017.

●「フトゥーワ」の各国翻訳

・英語訳 Tosun Bayrak al-Jerrahi (tr.). *The Way of Sufi Chivalry*. Vermont: Inner Traditions Intetnational. 1983.

・トルコ語 Süleyman Ateş (tr). *Tasavvufta Fütüvvet*. Ankara: Ankara Üniversitesi İlahiyat Fakültesi Yayınları. 1977.

・フランス語 Faouzi Skali (tr.). *Futuwah: Traité de chevalerie Soufie.* Paris: Albin Michel. 2012.
・イタリア語 Giuditta Sassi (tr.). *La Cavalleria Spirituale.* Limena: Luni Editrice. 2014.

なお、訳出にあたっては *Kitāb al-Futūwah*, Beirut, Dār al-Kutub al-ʿIlmīyah, 2009 と Abū Abī ʿAbd al-Raḥmān Muḥammad bn al-Ḥusain bn Mūsā al-Sulamī, Kitāb al-Futūwah, n.p., Maṭbah Jāmiʿah Ankara, 1977 を参照しつつ、日本語版として独自に山本直輝が邦訳したものを中田考が監訳・編集した。本文中の（ ）は補注もしくは、補足である。

4　フトゥーワとは

アラビア語「フトゥーワ（futūwah）」の原義は「若々しさ」、「漢気《おとこぎ》」であるが、弱いものを助け、気前良く振る舞い、名誉を重んずることを良しとする生き方を意味する。

もともとは「フトゥーワ」は「ムルーア（murūʾah）：男らしさ」と並ぶ、前イスラーム期（ジャーヒリーヤ）のアラブ遊牧民によって尊ばれてきた徳目であり、必ずしもイスラームの教えと一致するものではなく、イスラームの教えと共存しうるものであるのかどうかがしばしば議論となっていた。スラミーの『フトゥーワ』はフトゥーワという生き方とスーフィーという存在がイスラームの理念に反するものではなく、むしろイスラームを体現するものであることを説明するためにムスリムの思想家によって初めて書かれた著作である。

フトゥーワはもともとはアラブの徳目であったが、スラミーが「(フトゥーワとは) その土地に住む人々の権利を尊重するために、その土地の約束事を守ることである」と述べている通り、イスラーム世界の各地でその土地の習俗、慣行を取り入れて土着化する契機を有していた。それゆえフトゥーワは、アラブ世界を超えて、イランのジャヴァーンマルディー、トルコのアヒーリックのようにイスラーム世界各地のムスリム世界で独自の展開を遂げ、社会的紐帯を支える倫理思想としてイスラーム社会に今でも深く根付いている。

5 スラミーの『フトゥーワ』の特徴

スラミーはハディース学者として、フトゥーワの正当性を論証するために、クルアーンの章句、ムハンマドの言行、サハーバたちの言葉を引用しているが、自らスーフィーとしてそれに加えてビシュル・ハーフィー (八五〇年没)、サリー・サカティー (八六六年没)、バスターミー (八七四年没)、トゥスタリー (八九六年没)、ジュナイド (九一〇年没) などのスーフィーの先師たちの言葉や逸話を引用している。そしてスーフィーたちの言葉を引用する際にも、それが誰から伝えられたか、伝承経路 (イスナード) を明らかにしている。ハディースの信憑性を確認するために使われるこの伝承経路のシステムを用いることで、フトゥーワの精神がイスラーム社会の中でも脈々と受け継がれてきたこと、そしてスーフィーが預言者の後継者としてイスラーム化されたフトゥーワの精神を守り受け継いでいく役割を担う者だということを彼は伝えようとしているのである。スラミーの弟子クシャイリーの『クシャイリーの書簡』でも、スーフィズムで重んじられる様々な徳目を説明するために、クルアーン、ハディースと並んで過去のスーフィーたちの言葉がその伝承経路とともに引用されており、クシャイリーの学問スタイルにもスラミーが影響を及ぼしていることが確認できる。なお、本書では伝承経路は省略し、クルアーンの訳は作品社版『日亜対訳　クルアーン』を使用した。

スラミーは遊牧民の理想像であったフトゥーワを、大慈の創造主であるアッラーにその被造物たる人間を通じて仕える絶対帰依の生き方としてのスーフィー的霊性の光の下に再解釈したが、それによって、フトゥーワに基づく社会はイスラーム社会の理想となる。

スラミーの考えるフトゥーワに基づくイスラームの理想社会は以下のようにまとめることができよう。

フトゥーワに立脚する社会は、赦しあいで作られる社会である。なぜなら完全な善なる存在はアッラーのほかになく、過ちを犯さない人間はおらず、常に自分の行いを顧みるフトゥーワの持ち主は贖罪として他人の罪を赦すからである。

愛はアッラーからの賜物であり、愛の贈り主でもある創造主への愛からその被造物に仕えることによって初めて人は人を本当に愛することができる。ただ他人のために働いているだけでは、無償の愛を養うことはできない。アッラーからの賜物、預かりものをお返しするためにその被造物としての罪人、弱く虐げられた者を赦し助けるとき、フトゥーワはアッラーへの「捧げもの」となるのである。

こうしてフトゥーワに基づく社会は、人々が自らの行為をクルアーンとスンナに照らして常に自省する一方、他人の罪は赦し、また自らの欲望をコントロールし、自分の欲しいものを我慢してでも貧しい者を助けようとする社会である。

そしてフトゥーワには、土地の習俗、慣行を尊重することが含まれる。それゆえフトゥーワは、時と時代を超えてそれぞれの社会の事情に応じて様々な社会的弱者に救いの手を差し伸べるセーフティーネットとして機能することができるのである。

解説

西洋の騎士道と「フトゥーワ」について

中田考

英語で「chivalry（騎士道）」と訳されるアラビア語には、「フルースィーヤ」、「ムルーア」、「フトゥーワ」があるが、「フルースィーヤ」は「ファーリス（騎手）」の派生語であり、字義は「馬術」、「ムルーア」は「マルウ（男性）」の派生語で字義は「男らしさ」、「フトゥーワ」は「ファター（若者）」の派生語で字義は「若々しさ」である。しかしフルースィーヤ、ムルーア、フトゥーワは転じて、騎手、男性、若者という特定の集団に特有の気質、倫理、理想像などを表す語になった。それぞれの語の内包は異なる意味を有したが、その外延は重なるところが大きく、英語でその全てがchivalryとも訳されるように、互換的に使われることも多い。

ハンバリー派の碩学イブン・カイイム（一三五〇年没）はその大著『ムハンマドのフルースィーヤ（騎士道）』の序文で「フルースィーヤと勇敢さには二種類ある。最も完全なものは宗教と信仰の持ち主のものであり、もう一つは全ての勇者に共通するものである。本書はムハンマドのシャリーアに適った騎士道について纏めたものであるが、それは心と身体を共に捧げる最高の崇拝の形態であり、その徒を慈悲深き御方（アッラー）のための闘いに駆り立て、楽園の最上階に導くのである[▼1]」と述べている。

一般的なものとイスラーム的なものの二種類があると彼が指摘するように、フルースィーヤ、ムルーア、フトゥーワは預言者ムハンマドの宣教以前の前イスラーム時代（ジャーヒリーヤ）のアラブの遊牧民の間でも知られており、西洋の騎士道（chivalry）や日本の武士道のように信仰や民族を超えて似たような概念を見出すことができる。十字軍と戦ったアイユーブ朝の始祖サラディン（サラーフッディーン：一一九三年没）は高潔な騎士の模範として西欧でも高く評価されたが、西欧の騎士道は十字軍が侵攻したパレスチナと、ウマイヤ朝による西ゴート王国の征服（七一一年）以来レコンキスタの完了（一四九二年）に至るまでのイベリア半島とでの、アラブ・イスラーム教徒の影響によって成立したとも言われている。

イスラームのフルースィーヤと西欧の騎士道には共通点もあるが、イスラームでは学問、教養を奨励したのに対し、西欧ではそれらを武勇の妨げとみなしたように、文化的な違いがある。前イスラーム時代のアラブ遊牧民のフルースィーヤ、ムルーア、フトゥーワにおいては部族の名誉が最も尊ばれたのに対して、イスラーム時代にはアッラーへの献身が目標となる。

イスラーム化されたフトゥーワは、弱者を慈しみ、気前良く施し、自分を傷つける者を寛大に赦し、自分を犠牲にしても仲間を大切にする騎士道、あるいは任侠道として、社会の理想、規範となったが、スラミーの『フトゥーワ』は、このイスラーム化されたフトゥーワをさらにスーフィー的に内面化したものである。スーフィズムのフトゥーワでは、フルースィーヤ（騎士道）の馬術、戦術、戦陣訓的側面は完全に捨象されており、社会倫理に見えるものも、神への専心の文脈におかれ、実は現世よりも来世を、来世よりも神自身を目指す内面の陶冶がその真の意図となっている。

最後に、スラミーの『フトゥーワ』には西欧の騎士道のような貴婦人崇拝的要素はなく、女性が主題的に扱われることもないことを指摘しておこう。しかしそれは必ずしも女性蔑視を意味するわけではない。スラミーはサハル・ブン・アブドゥッラー（トゥスタリー）が婢の老婆から信仰の神髄を学ぶ話、家の倒壊にあって自分より妻の身を案じ妻を先に救い出すよう頼んだ老師をフトゥーワを体現する人物として称賛するジュナイドの言葉を伝えている。男女の生活領域を分けるイスラームでは、男性の作品に男女関係が描かれることは少ないが、スラミーの『フトゥーワ』からは、女性への分け隔てのない敬意と夫婦の情愛もまた神への愛の中に位置づけられていることをうかがい知ることができるのである。

▼1 Ibn Qayyim al-Jawziyah, *Furūsiyah Muḥammadīyah*, 1428（A.H.）, Makkah, p.7.
イブン・カイイムは、同書の最後でフルースィーヤ（騎士道）を以下のように纏めている。ibid.,

pp.471-473.

勇気は人間の性格の中の高貴な性格の一つであり、以下の四つの形で結実する。（1）果敢であるべきところでの果敢さ、（2）自重すべきところでの自重、（3）堅忍であるべきところでの堅忍、（4）転身すべきところでの転身。その逆は勇気の瑕疵であるが、それは臆病、無分別、軽薄、放心である。そして見識と勇気を兼ね備えた男こそが、軍隊を率い戦事行政を行うことができるのである。

人には、男、半人前の男、なにものでもない者、の三種がある。

「男」とは正しい見識と勇気を兼備した者である。この完璧な男とは、アフマド・ブン・フサイン・ムタナッビーが「見識は、勇者の勇気に勝る。こちらが先で、そちらは後。活力ある魂が両者を兼ね備えるなら、いかなる高みにも達する。」と述べている通りである。

「半人前の男」とは、二つのうちの一つを有するが他方を持たない者であり、「なにものでもない者」とは、どちらも欠く者である。

本書をクルアーン第8「戦利品」章45－46節（信仰する者たちよ、（敵軍の）一隊に遭遇した時には、確固とし、アッラーを多く唱念せよ。きっとおまえたちは成功しよう。アッラーと彼の使徒に従え。論争し、怖気づいておまえたちの威風が消え去るようなことがあってはならない。そして忍耐せよ。まことにアッラーは忍耐する者と共におわします。［『日亜対訳　クルアーン』、作品社］）で締め括ろう。それには戦争の最善の指揮の仕方が述べられている。

ムジャーヒド（聖戦士）には5つの特質がある。どんな軍であれそれらが揃えば、相手の多寡にかかわらず、神佑に恵まれずにはいない。

第1：堅忍不抜。
第2：至高なるアッラーを多く念ずること。
第3：アッラーと、アッラーの使徒への服従。
第4：合意があり、失敗と弱体化を招く内紛がないこと。それによって相争う者はその敵に打ち勝つのである。なぜなら彼らは団結において纏めた矢の束のようであり、誰もそれを折ることはできないが、一本ずつばらばらになれば、その全てが折られてしまうからである。
第5：その全ての要、支え、そして基礎であるもの、即ち忍耐である。
これら5つの上に勝利のドームが建てられるのであり、それらの全て、あるいは一部が欠ければ、その欠けた分に応じて失われるのである。そしてそれらが集まれば互いに強め合い、勝利に大きな効果をあげるのである。アッラーの使徒の教友たちにはそれらが揃っていたので、いかなる民も彼らに立ち向かうことができず、彼らは世界を征服し、人びとも国々も彼らの軍門に下ったのである。しかし彼らの後の世代は、それらが散逸してしまい、弱体化し、落ちるところまで落ちてしまったのである。
偉大なるアッラーの御許以外に力も権能もありません。アッラーこそ助け求められる御方。彼にこそ依り頼みます。彼こそ我らに十全な御方。なんと素晴らしい後見であることか。

【監訳者紹介】

中田　考（なかた・こう）

1960年生まれ。同志社大学客員教授。83年イスラーム入信。ムスリム名ハサン。灘中学校、灘高等学校卒。東京大学文学部卒業。東京大学大学院人文科学研究科修士課程修了。カイロ大学大学院哲学科博士課程修了（哲学博士）。クルアーン釈義免状取得、ハナフィー派法学修学免状取得。在サウディアラビア日本国大使館専門調査員、同志社大学神学部教授、日本ムスリム協会理事などを歴任。

・主な著書に『イスラーム法とは何か？』（作品社、2015年）、『イスラームの論理』（2016年、筑摩書房）、『イスラーム入門』（2017年、集英社）、『帝国の復興と啓蒙の未来』（2017年、太田出版）、監修書に『日亜対訳クルアーン』（2014年、作品社）

【訳者紹介】

山本直輝（やまもと・なおき）

1989年生まれ。同志社大学神学部卒業、現在は京都大学大学院アジア・アフリカ地域研究研究科博士課程在籍。専門はスーフィズム思想。

・『イスラームの精髄を生きる―ナーブルスィーと共に―』（日本サウディアラビア協会）

・「イスラーム神秘主義における罪と悔悟―アブドゥルガニー・ナーブルスィーの存在一性論―」『一神教世界』5号など

【著者紹介】

アブー・アブドゥッラフマーン・スラミー

ヒジュラ歴325年（西暦936年）に現イランのニーシャープールで生まれる。ヒジュラ歴412年（西暦1021年）に同地で没した。

高名なハディース学者、歴史家、クルアーン注釈者である。特にタサウウフ（霊学）において優れた業績を残した。またクシャイリーなどの偉大な思想家も育てた。

本書は、イスラーム思想史において「フトゥーワ」の理念を扱った古典である。

フトゥーワ
——イスラームの騎士道精神

2017年11月 5 日第1刷印刷
2017年11月10日第1刷発行

著 者 アブー・アブドゥッラフマーン・スラミー
監訳者 中田考
訳 者 山本直輝

発行者 和田肇
発行所 株式会社作品社
〒102-0072 東京都千代田区飯田橋2-7-4
Tel 03-3262-9753 Fax 03-3262-9757
http://www.sakuhinsha.com
振替口座 00160-3-27183

装 幀 伊勢功治
本文組版 有限会社閏月社
印刷・製本 シナノ印刷(株)

Printed in Japan
落丁・乱丁本はお取替えいたします
定価はカバーに表示してあります
ISBN978-4-86182-649-8 C0014